Adalbert Töpper

Das prophetische Potential der Psyche

D1937849

Gerhard Wiener
18.4.02

Adalbert Töpper

Das prophetische Potential der Psyche

Corona Verlag Frankfurt am Main

CIP-Titelaufnahme der Deutschen Bibliothek

Töpper, Adalbert:
Das prophetische Potential der Psyche / Adalbert Töpper. –
Frankfurt am Main: Corona-Verl., 1988
ISBN 3-921645-24-7

1. Auflage 1988

© dipa-Verlag und Druck GmbH & Co. Corona Verlag KG,
Nassauer Straße 1–3, 6000 Frankfurt am Main 50
Alle Rechte vorbehalten
Umschlag: Anette Cunz
Satzkonvertierung: A&M TYPO Gmbh, Frankfurt am Main
Druck und Bindearbeit: F. M.-Druck, Karben
Printed in Germany

ISBN 3-921645-24-7

Inhalt

Vorwort

Über die noch großenteils an überalterten Vorstellungen und Begriffen orientierte Psychoanalyse unserer Tage beginnt sich sachte Götterdämmerung herabzusenken. Zunehmend wird erkannt, daß man sich auch auf diesem Gebiet zu lange auf Axiome eingeschworen hatte. Heilsame Ratlosigkeit macht sich breit, was auch in Gesprächen mit Psychotherapeuten immer häufiger festgestellt werden kann. Kaum einer ist mit dem überkommenen diagnostischen und therapeutischen Instrumentarium noch zufrieden. Die Bereitschaft, in bisher geschmähte okkulte Bereiche vorzudringen, wächst zusehends, angetrieben durch eine oft unstillbare Wissensbegierde, die sich an den Zeichen der Zeit mächtig entzündet.

Man erinnert sich u.a. wieder lebhaft an die ganzheitliche Betrachtungsweise des Paracelsus, der nicht nur die Reaktionseinheit Geist-Körper-Seele erkannt hatte, sondern darüberhinaus die latente göttliche Rückverbindung der Menschenseele zu ihrem göttlichen Ursprung. Als ein großer Eingeweihter und Prophet wußte er demgemäß vom prophetischen Potential der Seele und ihrem verborgenen Drang nach Vergeistigung auf all den Irrwegen ihres irdischen Strebens, selbst wenn sich dieser Drang letztlich in fehlgeleiteten Sehnsüchten manifestiert (ein klassisches Literaturbeispiel hierfür ist Goethes Faust).

Den geistig aufgeschlosseneren unter den heutigen Medizinern und Psychologen fällt es dabei verständlicherweise leichter, sich von der materialistisch indoktrinierten Vorstellung zu lösen, daß die Seele ein lediglich aus dem individuellen Bewußtsein gewachsener diffuser Gefühls- und Empfindungskomplex sein müsse, ein nicht lokalisierbares Phänomen der menschlichen Persönlichkeit, eng und mysteriös mit tiefgründig-vielschichtigen Denk-Assoziationen verknüpft. Manche Therapeuten versuchen sich der Psyche wie auf Zehenspitzen pirschend zu nähern, als sei sie ein überaus zartes und scheues Haustier des Körpers, das man bei einigem Glück irgendwann auch einmal erhaschen könne. In den Äußerungen der Liebe, der Freude, des Mitgefühls, der Ekstase, des Lachens einerseits und in denen des Hasses, der Verzweiflung, des Schmerzes andererseits sah man die aufleuchtenden Lichtsignale der Seele, bzw. den Schatten, den sie werfen kann. Über diese im Ansatz richtige Perspektive vergaß man aber dabei merkwürdigerweise völlig - von einigen verschämten Denkansätzen abgesehen - sich über eine mögliche Eigenexistierbarkeit der Seele Gedanken zu machen.

Von der Mitte des vorigen bis etwa ins erste Drittel unseres Jahrhunderts machte die Entwicklung der Technik solch fulminante Fortschritte, daß auch in den Geisteswissenschaften im stürmischen Aufwind dieser fortschrittsbesessenen Phase das modernistische Denken die Oberhand bekam. Errungenschaften wie die Beherrschung der Elektrizität, die Maschinenbaukunst, die himmelstürmende moderne Architektur, Telegrafie, Telefon und vieles mehr ließen manche sogar glauben, wenn es das biblisch angekündigte 1000-jährige Wunderreich jemals geben werde, so sei es wohl jetzt angebrochen. In Wahrheit befand man sich natürlich auf dem Marsch in die beginnende Endphase der apokalyptischen Ankündigungen: Die Menschheit begann sich das Instrumentarium anzueignen, welches dann schließlich zwei relativ kurz aufeinanderfolgende schreckliche Globalkriege erst möglich machte.

Natürlich wurde im Laufe jener Entwicklung auch die Psychoanalyse nicht vom Zeitgeist verschont. Die menschliche Neigung, das Rätselhafte zu phänomenalisieren, führte dabei gerade auf diesem Forschungsgebiet im Zuge modernistischer Betrachtungsweisen zu teilweise irrational anmutenden Logismen. Kein Wunder, daß sich auch im gleichen Zeitabschnitt eine Gegenbewegung zu bilden begann: Seriöse Erforscher des Okkultismus und Spiritualismus lieferten erstmals hieb- und stichfeste Beweise über die separierte Eigenexistierbarkeit geistig seelischer Personalitäten. Damit war eine bis in die heutige Zeit immer stärker wirkende Gegenkraft entstanden zu einer Psycholehre, die es sogar dem Materialisten und Atheisten noch möglich machte, uneingeschränkt und pauschal mit dem Begriff „Seele" zu hantieren.

In nicht wenigen denkwürdigen Fällen schon wurde eindrücklich dokumentiert, daß authentisches Beweismaterial für ein bestimmtes wissenschaftliches Gebiet auch auf unvermuteten Nebenschauplätzen auftauchen kann. Diese Tatsache beweist gleichzeitig die Komplexität und den inneren Zusammenhang der Dinge und offenbart auch die menschliche Neigung, aus ideologischem Zwangsdenken heraus naheliegende Erklärungen durch komplizierte ersetzen zu wollen oder bei Bedarf auch umgekehrt. Ein solch besagter Nebenschauplatz erstand der herkömmlich orientierten psychologischen Forschung in den letzten drei Jahrzehnten auch durch zunehmende Berichte über außerkörperlich erlebtes Bewußtsein (AKE). Hinzu kommen immer mehr Erfahrungsberichte vorübergehend klinisch Toter, die während des Stillstandes von Körperfunktionen mit ihrem seelischen Feinstoffleib autoskopisch oder transzendierend „unterwegs" waren, während die raffinierten Apparaturen der modernen Überlebensmedizin sie mühsam an der Peripherie des grobstofflichen Lebens festhielten. Eine Variante dieses Phänomens ist das mittlerweile immer bekannter werdende „Patient-hüpft-vom-Tisch-Syndrom". Hierüber berichten Klinikpatienten, die z.B. während einer Operation mittels der Vollnarkose von ihrer Physis abgespalten wurden, wonach sich der separierte Mentalkörper autoskopisch (selbstbetrachtend) unter das Operationsteam gemischt hatte.

Daß dieser Sachverhalt für manch orthodoxen Mediziner ungeheuerlich ist, beweisen die heimlich anberaumten Ärztekonferenzen über dieses Phänomen, wie mir von einer Krankenschwester anvertraut wurde.

Ganz allgemein betrachtet, deuten sämtliche Varianten der Außerkörperlichkeit auf eine Grundtatsache hin: Die Seele als Trägerin des göttlich vererbten Menschengeistes erweist sich als die alleinige Lebensmanifestation. Der physische Körper wird allein durch sie bewegt, genau wie ein Kleidungsstück, welches wir uns über den Leib streifen und sodann von diesem mitbewegt werden kann (Primärbewegung - Sekundärbewegung). Das abgestreifte Kleidungsstück am Garderobehaken hat, wie die separierte Physis, keine eigene Bewegungsfähigkeit.

Die über das Gebiet der Außerkörperlichkeit vorliegenden mannigfachen Selbsterfahrungen künden auch von der Fähigkeit des Transzendierens im Feinstoffkörper. In einem solchen Fall wird das prophetische Potential der Psyche virulent, was sich nicht nur durch Einblicke in Zukünftiges sondern auch durch die Rückschau in unbekannte Vergangenheitsbereiche anzeigen kann.

All diese nun wieder neuentdeckten psychischen Möglichkeiten waren den Eingeweihten von jeher bekannt. Aber deren Botschaften waren schon immer unerhört für den planquadratlich analysierenden Verstand der Weltmenschen. Die frevlerische Verleugnung des feinen Sinnenpotentials hat es mit sich gebracht, daß der materiell orientierte Mensch in seinen nächtlichen Traumerfahrungen die visionäre Botschaftssymbolik seiner ignorierten Seele kaum noch zur Kenntnis nimmt. Allein schon die Vorstellung eines feinsubstanzlichen Seelenkörpers in kompletter menschlicher Gestalt ist für den rein materiell fixierten Zeitgenossen immer noch pure Ketzerei. Der Gedanke, daß man einen diesseits unsichtbaren Mentalkörper immer mit sich herumträgt, egal ob man nun zum Supermarkt geht oder zum Friseur, ist aber demjenigen, der außerkörperliche Erfahrungen kennt, eine vertraute Tatsache.

Nicht nur in der Psychoanalyse, sondern in nahezu allen Wissenschaftsbereichen wird man im nun beginnenden neuen Zeitalter umzudenken haben. Dieses Umdenken wird unter dem Zwang der stattfindenden Ereignisse unumkehrbar eintreten. Axiome müssen denn wohl ersetzt werden durch allgemein erkennbare und erfahrbare Grundkriterien. Einige darunter werden lauten: Die den Geist umschließende Seele überlebt mit absoluter (weil beweisbarer) Sicherheit ihren körperlichen Hüllentod. Das eigentliche Leben des Menschen verbirgt sich im Unterbewußtsein der Psyche; es wird - von kurz erleuchteten Momenten abgesehen - vom kreatürlichen Selbstbehauptungsstreben des Oberbewußtseins unterdrückt und ignoriert.

Der Mensch hat nicht seine Seele - sondern die Seele hat ihn.

Von der Prophetie des Alten Testamentes bis zur Prophetie der Neuzeit

Wie ein roter Faden zieht sich die endzeitliche Heilsverkündigung vom Alten Testament ausgehend durch die gesamte Prophetie der Bibel bis hin in unsere Gegenwart. Die Zeichen der Zeit sprechen eine inzwischen so deutliche Sprache, daß es für die heutigen Theologen beider christlicher Kircheninstitutionen nur ein einziges großes Verkündigungsthema geben dürfte: Die bereits in ihren Anfangswehen sich befindende Zeitenwende mit ihren schmerzlichen Begleiterscheinungen wie der Kollaps des industriellen Profitsystems, die sich ausbreitenden rätselhaften Allergien und Seuchen, die immer mehr um sich greifenden Naturkatastrophen durch die ungebremste Zerstörung des Ökosystems und die sich durch den Dominoeffekt hieraus ergebenden unkalkulierbaren Begleitsymptome. Die damit einhergehende wachsende Abkehr der Menschen von den Chefideologen und Chefstrategen dieses unverhüllt lebensfeindlichen Systems wird durch die Selbstdemaskierung desselben weidlich gefördert. Daß die Menschen nun auch den kirchlichen Institutionen den Rücken zuzukehren beginnen, liegt an deren steriler Verliebtheit in die traditionelle Glaubensdogmatik, die wie eine Trutzburg bewohnt wird: Wer auf keinen Fall umziehen möchte, leugnet eben leicht die Baufälligkeit seiner Behausung.

Jede Prophetie war ihrer Zeit gemäß auf den jeweiligen Reifegrad der betreffenden Menschen ausgerichtet, sowohl was ihre äußere Ausdrucksweise als auch die Perspektive ihrer geistigen Forderungen betraf. Die heutigen prophetischen Durchgaben erreichen uns vorzugsweise über das „Innere Wort“ und lassen einen neuen Anspruch des Göttlichen erkennen:

Die Gottheit wünscht sich im gegenwärtigen Zeitenumbruch einen Partner, keinesfalls mehr einen blinden Gefolgsmann. Der „geliebte Diözesan“ ist endgültig out. Immer mehr Menschen entledigen sich des alten patriarchalischen Gottesbildes und erkennen die verborgenen Sehnsüchte ihres Unterbewußten. In der scheinbaren Gottverlassenheit des heutigen Weltmenschen erweist sich die Sehnsucht der Seele nach ihrer wahren Heimat als durchaus nicht erloschen. Sind die Schafe klüger als ihre Hirten geworden? Es sieht ganz danach aus.

Vom tausendjährigen Friedensreich im Zuge einer unaufhaltsam fortschreitenden Menschheitsvergeistigung und der damit verbundenen Wiederkunft des Gottesgeistes ist in der Bibel oftmals und deutlich die Rede. Es ist eine bittere Wahrheit, daß desungeachtet die Kirche schon in den ersten nachchristlichen Jahrhunderten diese Heilserwartung als „Chiliasmus" verdammte und damit viele Mystiker und Folgepropheten als Ketzer einstufte. Diese Tatsache dürfte auch eine Erklärung dafür sein, warum dem Volk schließlich jegliche Bibel-Lektüre verboten war. Innerhalb der führenden Geistlichkeit bekamen früh jene die Oberhand, welche bereits in der Institution Kirche die endgültige Verwirklichung des angekündigten Friedensreiches sahen. Augustinus und spätere Kirchenlehrer wie Hyppolit und Cyrill entwickelten sogar eine fanatische Abneigung gegenüber dem biblisch prophezeiten Reich Gottes auf Erden, was sich in einer bittgebetartigen Verlautbarung Tertullians wörtlich so äußerte: „Wir wünschen es *nicht* zu erleben, und indem wir um Aufschub dieser Dinge beten, befördern wir die Fortdauer Roms". Also Machterhaltung um jeden Preis?

Wie kam es da, daß das „Vater unser" mit seiner sehr deutlichen Bitte noch zu beten erlaubt war?

Augustinus sowohl als auch noch Martin Luther konnten mit der Offenbarung Johannes, trotz ehrlicher Bemühung nichts anfangen und hätten sie schließlich am liebsten aus der Bibel getilgt, wenn es nur den leisesten Zweifel für die inspirierte Echtheit jener apokalyptischen Schau gegeben hätte. Man wollte nicht erkennen, daß gerade mit dem abschließenden Teil des Neuen Testamentes das Hauptvermächtnis der Bibel vorlag, die Quintessenz alles Vorausgegangenen: Die göttliche Garantie eines kommenden Reiches Gottes auf Erden, in welchem eine feinstofflichere und vergeistigte Menschheit ekstatische Freuden in der erlebten Gegenwart der Gottheit erfahren dürfen wird. Am Schluß seiner empfangenen Offenbarung war Johannes so überwaltigt, daß er sie mit den eigenen Worten abschloß:

„Komm, Herr Jesus!"

Es fällt schwer, über den Zeitplan der Apokalypse Klarheit zu finden, ohne das Offenbarungswerk *Jakob Lorbers* kennengelernt zu haben. Dort finden wir ungezählte Male den Hinweis, daß noch vor dem Ablauf des zweiten Jahrtausends über der Schwelle selbstverschuldeter globaler Naturkatastrophen eine Umkehr zum Geistigen einsetzen werde. Am häufigsten finden wir diese Aussagen im inspirierten elfbändigen Lorberwerk „Das große Evangelium Johannes", durch welches uns nun in faszinierender Weise nahezu jeder einzelne Erdentag des dreijährigen Wirkens Jesu' protokolliert vorliegt. Es ist das Tagebuch aller Tagebücher, was den äußeren und den geistigen Umfang anbetrifft. Jesus selbst schildert hier seinen Jüngern in vielen Gesprächen die Erkennungswundmale unserer gegenwärtigen Zeit voraus und kennzeichnet sie unmißverständlich als die Endphase der Zeitenwende zum Geistigen. Insgesamt erscheint gegenüber diesem elfbändigen Dokumentarwerk der biblische Evangelistenbericht über Jesu, Wirken wie ein punktueller Kurzreport. Es läßt jedoch der Schluß des herkömmlich bekannten biblischen Johannes-Evangeliums bereits ahnen, was erst einer achtzehn Jahrhunderte reiferen Menschheit vorbehalten sein sollte. Es heißt dort: „Es sind auch viele *andere* Dinge, die Jesu noch getan hat; sollten sie aber eines nach dem anderen aufgezeichnet werden - die Welt würde die Bücher nicht fassen, die zu schreiben wären."

Das hier zuletzt gesagte bezieht sich ohne Zweifel auf die qualitative Substanz des vorläufig noch Vorenthaltenen. Andererseits hätte ein geschlossenes Erscheinen eines solch umfangreichen Gesamtoffenbarungswerkes in den ersten frühchristlichen Jahrhunderten noch kaum eine wirksame Verbreitung finden können. Auch mußte die Papstkirche als mühsam getarnter Tummelplatz weltlicher Machtsüchte erst Schritt für Schritt entlarvt und zurückgedrängt werden, damit der Gärungsprozeß der Wahrheitssuche virulent werden konnte.

Tschernobyl wird mehr und mehr als Synonym der menschlichen Anmaßung begriffen, als pathologische Beherrschungssucht des Unbeherrschbaren. Ins Deutsche übersetzt, finden wir den russischen Ortsnamen als „Wermut" in der Johannes-Offenbarung vieldeutig wieder. Für die heutigen Eingeweihten markiert der Begriff gleichzeitig das letzte Jahr des Fischezeitalters, gewissermaßen das Jahr Null der beginnenden Menschheitsvergeistigung. Die damit im Zusammenhang umschriebenen Ereignisse in der Johannes-Apokalypse lehren uns eindringlich, daß wir in die entscheidende Endphase der Zeitenwende eingetreten sind. Damit hat das Finale des geistigen Klärungsprozesses begonnen. Die auch in den radioaktiven Strahlungsschwingungen verborgenen geistigen negativen Potenzen werden in ihrer globalen Feinstreuung einen wesentlichen Mitbeitrag liefern zur beschleunigten „Scheidung der Geister" und die dabei ablaufenden Vorgänge im Natürlich-Atmosphärischen werden sich synchron dem Geistig-Atmosphärischen mitteilen, wobei sie sich in ihrer Effizienz außerhalb der Reichweite unseres Oberbewußtseins bewegen dürften. Eines ist dabei sicher: Im Verlauf dieses Prozesses wird es niemandem mehr möglich sein, seine geistigen Zelte *zwischen* den Fronten aufzuschlagen. Natürlich wird das letztendlich auch die gewohnten Perspektiven unseres Oberbewußtseins verändern, für die Mehrheit der Menschen eine wohl schmerzliche Erfahrung.

Wenn wir den prophezeiten Ablauf der Dinge von rückwärts aufrollen, wird leicht ersichtlich, daß die Johannes-Offenbarung einen ungeahnt großen Zeitabschnitt umfaßt, der früh begonnen haben muß: Von der Verfolgung der Frühchristen über die Greuel der Inquisition, der Kreuzzüge und übrigen Religionskriege bis hin zu den zwei Weltkriegen unserer ersten Jahrhunderthälfte reicht das apokalyptische Panorama der vermaterialisierten Weltseele, die sich in Europa, wo das Christentum seine ersten institutionellen Wurzeln schlug, am vehementesten gegen die jesuanische Lehre und das angekündigte Reich Gottes auf Erden aufbäumte. Nach Lorbers Prophezeiungen wird aber auch über europäischem Boden zuerst die Sonne des neuen Zeitalters aufgehen. Interessant erscheint, daß der nordische Seher *Emanuel Swedenborg* in der Johannes-Offenbarung auch eine prophetische Bilder- bzw. Entsprechungssprache der *inneren* Menschheits- und Kirchengeschichte erblickte. Das steht durchaus nicht im Widerspruch dazu, daß eben die äußeren Abläufe ein Spiegel des inneren Zustandes darstellen. Jedenfalls waren und sind wörtlich-historisch orientierte Auslegungsversuche der Apokalypse eine stete Quelle von Mißverständnissen wie auch von enttäuschten Erwartungen zur falschen Zeit.

Die mitangekündigte Wiederkunft Christi ist ein besonderer Aspekt der Johannes-Offenbarung, ja ihr eigentliches Kernstück. Leider ist diese Krone der Heilserwartung mit den einfältigsten Vorstellungen verknüpft. Sie reichen von einem bethlehemitischen Wiederholungsereignis bis zum posaunenschallumtosten Erscheinen in flammendem Himmelsgewölke. In Wahrheit halten natürlich alle neutestamentlichen Umschreibungen der Wiederkunft des Gottesgeistes bei tieferer Betrachtung keiner buchstäblichen Vorstellung stand. Die überwiegend immer noch wörtlich verstandene „Wiederkunft in den Wolken" erfährt durch das Neuoffenbarungswerk Swedenborgs und Lorbers eine bereits beginnende Enthüllung, wird aber durch die überwältigenden Kundgaben der Gegenwartsmystiker geistig erst voll erfaßbar: Die „Wolken" stehen für „Worte" und „Menschen", genauer gesagt deren Schwächen und Unvollkommenheiten. Im Klartext heißt dies, daß die Gottheit durch das Wirken bedingungsloser Liebe erfahrbar werden wird, im Wirken ganz schlicht erscheinender, jedoch unbegreiflich demütiger und glaubensfester Menschen, Weggenossen auf dem beschwerlichen Pfad in ein neues Zeitalter, dessen unerkannte Pioniere sie sind. In solchen Menschen wird der Geist Gottes vielfach wiedergeboren und den Menschen guten Willens sogar verklärt sichtbar werden - eine Tatsache, welche jedem herkömmlich theologischen Denken total zuwiderläuft. Da stehen unsere heutigen Religionsgelehrten trotz aller gequälten Anpassungsbemühungen an das abdriftende Glaubensvolk („Kirche von unten") nicht besser da als die damaligen Tempelschriftgelehrten, welche vom göttlichen Anspruch des Nazareners überrumpelt wurden, während gleichzeitig im Volk viel mehr Glaubenspotential offenbar wurde, als sie ahnen konnten und ihnen recht war.

Wenn es eingangs hieß, daß jede Prophetie der jeweiligen Aufnahmefähigkeit der sie betreffenden Menschen angepaßt sein mußte, so nimmt die Johannes-Offenbarung jedoch eine Sonderstellung ein. Erst in den letzten etwa zwei Jahrhunderten begannen die Menschen allmählich zu ahnen, was nun durch die Enthüllungen der christlichen Gegenwartsmystik und der Gegenwartsoffenbarungen bestätigt wird: Der Erfüllungszeitraum des durch Johannes überlieferten gewaltigen prophetischen Werkes umfaßt beinahe 2000 Jahre. Es enthüllt ein dramatisches Panorama, dessen Relevanz erst durch die Gesamtrückschau aus dem Blickwinkel des jetzt beginnenden Kulminationsgeschehens voll erkannt wird.

Parallel zur christlichen Apokalypse des Johannes und anderer punktueller Endzeitweissagungen des Neuen Testamentes existieren auch frühdatierte apokalyptische Prophetien geistig hochentwickelter Naturvölker. Kultur- und Religionsforscher entdeckten in den letzten Jahrzehnten vor allem in uralten indianischen Überlieferungen ein ungeahntes prophetisches Potential. Das wohl wenige, das uns hierdurch erhalten geblieben ist, spricht gleichwohl eine deutliche Sprache: Der alleinige Gegenstand jener Naturvölker-Prophetie ist der am Zukunftshorizont auftauchende weiße Mann, der als besitzergreifender „Kultur"-Übermensch Gottähnlichkeit beansprucht und dessen Maßlosigkeit sich fast nur in Metaphern andeuten läßt: Er zwingt u.a. die Mutter Erde durch das „Einflößen bitterer Medizin" (Kunstdünger, Insektengifte etc.) zu pausenlosem „Gebären" (Superernten), ohne ihr Ruhebedürfnis und Regenerationsverlangen zur Kenntnis zu nehmen. Der selbsternannte Gott der Welt überzieht den Planeten auch noch mit verwüstenden Kriegen und stürzt sich und die verführte Menschheit in den Abgrund. Ein verbleibendes Drittel schließlich wird durch gottverbundene weise Männer und Frauen in ein neues Zeitalter der Brüderlichkeit geführt.

Wenden wir uns zurück zu den prophetischen Anfängen der biblischen Heilserwartung. Im ersten Teil der Bibel begegnen wir den großen Sehern *Jesaja, Jeremia, Hesekiel* und *Daniel*. Ihre Weissagungen stimmen substantiell mit den Gesichten und inspirierten Berichten von *Maleachi, Hosea, Joel, Amos, Obadja, Micha, Sacharja, Habakuk, Zephanja* und den Evangelisten *Matthäus, Markus, Lukas* und *Johannes* auffällig überein. Die im vorwiegend politischen Denken befangenen jüdischen Schriftgelehrten zogen bei der Deutung jeglicher prophetischer Voraussagen in erster Linie erwartete äußere historische Ereignisse in Betracht, welche das Volk Israel und den Stamm Juda betrafen. Unter den wenigen noch verbliebenen Erleuchteten dagegen waren die bildhaft verschlüsselten Ankündigungen der Propheten eine Bestätigung ihrer geheimen Sehnsüchte und Hoffnungen auf ein Friedensreich in der wiedererlangten Harmonie göttlicher Gegenwart, ohne den Preis blutiger Selbstbehauptungskriege und Vergeltungsfeldzüge. Es ist paradox, daß die Mehrheit der Schriftgelehrten und Pharisäer in der als „heilig" geltenden Schrift wohl weniger ein religiöses Dokument als vielmehr ein vaterländisches Geschichtsbuch über das äußere Schicksal des israelischen Volkes sahen. Ganz folgerichtig erwarteten sie auch vom späteren Messias feldherrliche Führungseigenschaften und erkannten seine Liebe-Lehre und seinen göttlichen Anspruch nicht als wegbereitenden Sammelruf zum Reich Gottes auf Erden, dem Endziel einer auf einen langen Zeitraum angelegten Prophetie.

Daniel gilt zu Recht als einer der größten Seher des Alten Testamentes. Durch seine hohen traumdeuterischen Fähigkeiten erlangte er als Gefangener Nebukadnezars das hohe Ansehen eines Gottgesandten. Die bildreichen Visionen von den vier Weltreichen sind prophetische Träume des Chaldäerkönigs, die demselben durch Daniels Sehergabe entschlüsselt wurden als vier weit in die Zukunft hineinfolgende Machtepochen materieller Herrschsucht. Hier wurde das prophetische Potential eines weltlichen Herrschers virulent, da ein gottgesandter Prophet bereitstand, den geistigen Sinn des Geschauten zu interpretieren. Daniels Deutungsvision der kommenden vier Weltreiche umfaßt weit mehr als verschlüsselte Ankündigungen äußerer Weltreiche, wie die der Perser, Griechen und Römer z.B. Ein solches Verständnis begrenzt die geistige Bedeutung der Menschheitsentwicklungsphasen zu einem romantischen Geschichtsmythos und wird dem göttlichen Lehrauftrag der Bibel nicht gerecht. Es ist gleichermaßen eine Tatsache, daß den alten Propheten die meisten ihrer Visionen abstrakt erscheinen mußten, da sie trotz ihrer göttlichen Deutungsgabe von ihrem rein menschlichen Standpunkt aus nicht fähig waren, einen tausende Jahre später regierenden Zeitgeist im voraus zu erfassen.

Glücklicherweise wird uns durch Lorbers inspiriertes Neuoffenbarungswerk auch ein Rückblick in die alte biblische Prophetie vermittelt und deren weit in die Menschheitszukunft hineinreichenden Perspektiven. Überall wird dabei auch der endzeitliche Bezug erkennbar, ganz besonders in der zitierten Vision Daniels vom Tier mit den eisernen Zähnen, welches das Industriezeitalter symbolisiert und seinen technologischen Größenwahn. Auch alle anderen Metaphern der Daniel-Vision, die sich auf das vierte und damit letzte Weltreich, unsere gegenwärtige industrielle Epoche beziehen, werden dem heutigen Menschen mehr und mehr bedeutungserfaßbar: Presse, Rundfunk und Fernsehen verkörpern „das Maul, das große Dinge redet". Der „Koloß auf teils eisernen, teils tönernen Füßen" ist unser labiles, hochtechnisiertes System. Es hat sich seine verwundbaren Schwachstellen selbst geschaffen - überall lauert der Domino-Effekt: Wenn Aktien fallen, erbebt das Wirtschaftssystem; ein undichtes Ventil im Kernkraftwerk kann den Super-GAU programmieren. Und ein winziger elektronischer Fehler kann milliardenteure Weltraumfähren vom Himmel fallen lassen oder Raketen ungewollt zum Starten bringen und vieles mehr. Daniels Vision unserer Gegenwartsepoche schließt auch die Schau des anschließenden Wassermannzeitalters, des kommenden Reiches Gottes auf Erden mit ein. Vom eisern-tönernen Weltreich sprechend ergänzt der Prophet: „Denn zu jener Zeit wird *Gott* ein Königreich aufrichten, das nimmermehr zerstört wird. Es wird alle diese Reiche zermalmen, aber es selbst wird ewiglich bleiben."

Das letzte Kapitel der biblischen Daniel-Prophetie schließt mit einem Gotteswort an den Propheten selbst; es ist gleichzeitig auch ein unmißverständlicher Beweis dafür, daß sich bereits in der frühen biblischen Prophetie deutliche Hinweise auf unsere gegenwärtige Zeitenwende finden:...„Zur selben Zeit wird der große Fürst Michael, der für die Kinder deines Volkes steht, sich aufmachen. Denn es wird eine solche trübsinnige Zeit sein, wie sie nie gewesen ist seit es Menschen gab auf Erden. Dann wird dein Volk errettet werden, alle, die im Buche des Lebens geschrieben stehen. Und viele, so unter der Erde schlafen (die geistig Toten), werden erwachen, etliche zum ewigen Leben (der liebevollen partnerschaftlichen Begegnung mit der Gottheit), etliche zu ewiger Schmach und Schande (die der Materie verhafteten Weltseelen). Die Lehrer aber werden leuchten wie des Himmels Glanz (die geistigen Wegbereiter des neuen Zeitalters), und die, so viele zur Gerechtigkeit weisen, wie die Sterne ewiglich. - Und du, Daniel, verbirg diese Worte und versiegele diese Schrift bis auf die *letzte Zeit*, da werden viele dahinter kommen und große Weisheit darin finden. Viele werden gereinigt, geläutert und bewährt befunden werden. Die Gottlosen werden gottlos Wesen führen und werden dieser Worte nicht achten, aber die Verständigen werden es beachten. Du aber, Daniel, gehe hin, bis das Ende kommt und ruhe, daß du auferstehst zu deinem Erbteil am Ende der Tage!"

JESAJA

Etwa 200 Jahre früher als Daniel wirkte der Prophetenkönig *Jesaja* (etwa 770 v.Chr.). Man bezeichnet ihn auch als den Evangelisten des Alten Testamentes. Seine Ankündigung der Geburt des Messias wird in pastoraler Verklärung zum Kernpunkt seiner Prophetie erklärt, wobei Übersehen wird, daß Jesaja das bethlehemitische Ereignis untrennbar im Zusammenhang mit der folgenden 2000-jährigen letzten Menschheitsperiode vor der Erscheinung des „Immanuel" begreift. In diesem Sinn ist Jesaja sogar als der alttestamentliche Hauptverkünder des „Gotteslichts im Menschengeist" (= „Immanuel"), der „Wiederkunft Christi", zu betrachten. Am deutlichsten wird dies im 7. Kapitel der Jesaja-Prophetie sichtbar. Leider aber sehen bibelforschende Theologen auch in der Prophetie Jesajas immer noch lediglich stammesgeschichtliche Weissagungen über die politische Zukunft Judas und des Volkes Israel, anstatt in der prophetischen Gesamtschau des Sehers ein geistiges Panorama der *ganzen* Menschheit und deren seelische Läuterungsphasen zu erkennen. Hier endlich soll auch ein ganz spezifischer religionshistorischer Kardinalfehler zur Sprache kommen: Überall da, wo prophetisch von zukünftiger Drangsal Jerusalems, Israels oder Judas die Rede ist, sieht der Prophet in seinem Geiste *vor allem* auch das Elend der veräußerlichten christlichen Kircheninstitutionen, die sich zwar auf den erschienenen Judenkönig berufen, dennoch aber den Geist seiner Liebe-Botschaft nicht umsetzen können. Sie sind so mit ihrer Machterhaltung beschäftigt, daß sie den mahnenden Geist Gottes im Auftreten von „Ketzern" und häretischen Mystikern übersehen. Gerade auch dieser Aspekt wird in Lorbers Neuoffenbarungswerk immer wieder beleuchtet. Es heißt dort u.a. über das Jesaja-Wort „Darum wird der Herr die Scheitel der Töchter Zions kahl machen": ...Das heißt, er wird der *Hure Babels* (der Weltdienerin) den Verstand nehmen und ihre falschen Lehren zunichte machen. ‚Zu jener Zeit wird der Herr ihnen auch wegnehmen allen Schmuck', d.h. alle glänzenden Zeremonien der Glaubenslehre Roms. Und sehet: Was der Prophet da gesagt hat, wird so gewiß in Erfüllung gehen, als wie wahr Ich euch dies nun erläutert habe...".

Als Leitfaden der Jesaja-Entschlüsselung steht „Assur" als das Symbol für Tyrannenherrschertum, „Babel" für Weltdienertum und Götzendienst, „Ägypten" für irdische Weltweisheit im Hinblick auf unser materialistisches Verstandesdenken. Andere typische Jesaja-Metaphern sind „Rosse" = Erkenntnisse, „Fleisch" = Materie, „Schmuck" = Dogmen, „Jerusalem" = Kirchenmacht, „Zion" = die ursprünglich Gottverbundenen, und viele mehr.

Unter den alten Propheten war *Jeremia* der am heftigsten vom Volke abgelehnte Seher. Im 6. Jahrhundert v. Chr. wirkend, sah er sich häufig Anschlägen und Verfolgungen ausgesetzt und wurde nach der Überlieferung schließlich zu Tode gesteinigt. Seine Prophetie zeugt ebenso wie die seiner Vorgänger von einem einzigen, menschheitsgeschichtlichen Fernziel: Die Wiedergewinnung der Gemeinschaft mit der Gottheit in einem ewigen Friedensreich - gleichwohl auch das äußere Schicksal des israelischen Volkes und seiner Nachbarvölker mit großer Präzision von ihm vorausgesagt worden war. Wiederholt taucht eindringlich auch wieder die Metapher „Babel" in seiner Prophetie auf. Er *weissagt* den künftigen Untergang dieser gottlosen Stadt, die als geographische Stätte dann im Jahre 488 v.Chr. durch die Perser der Zerstörung anheim gefallen war.

Aber auch Johannes spricht in seiner späteren nachchristlichen Offenbarung von einer *künftigen* Zerstörung Babels! Ganz deutlich rückt also hier wiederum die metaphorische Bedeutung des Begriffes „Babel" in den Vordergrund: Er ist ein Sammelbegriff für Götzendienst (veräußerlichter Religionskult), Materialismus, menschenverachtendes Machtstreben und dergleichen. Das Wort „Mitternacht" ist bei Jeremia ein Synonym für geistige Finsternis und Gottferne. Mit dem „Israel" und „Juda" der Zukunft meint auch der Prophet Jeremia einen noch fernen, geläuterten Menschheitsteil, welcher der reinen Lehre durch alle Bedrängnisse und Nöte hindurch treu bleiben wird. Wie bei Jesaja treten Begriffe wie „Assyrien" oder „Jerusalem" mit der gleichen tieferen Bedeutung auf. Auch den Bilderkult und die frömmelnde Heiligenverehrung der römischen Kirche sieht Jeremia klar voraus. All diese geschauten Bilder mitkennzeichnen den Zerfall des „Jerusalem", eine immer wiederkehrende Metapher für einen verweltlichten Klerus, der eine zum rein Rituellen degenerierte Religion zu Opium fürs Volk werden läßt.

Auch *Hesekiel*, fast um die gleiche Zeit wie Jeremia hervortretend, übersieht ein weit in die Zukunft hineinreichendes menschheitsgeschichtliches Panorama bis hin zur wiedererlangten Gemeinschaft mit Gott, dem „Neuen Jerusalem". Die vier Weltreiche Daniels kleiden sich bei ihm in eine Vision von vier cherubinischen Tieren. Überhaupt sind Hesekiels Symbole auffällig altägyptischen Urreligionen entlehnt und sind damit auch für die Astrologen von Interesse. Der Prophet hatte zweifellos auch Einblicke in den altägyptischen Weisheitsschatz, dessen Symbolik auch sein Unterbewußtes beeindruckt haben mochte.

Hesekiels vier Weltzeitalter erscheinen in den Symbolgestalten von Löwe, Stier, Mensch und Adler. Auch hier steht jede Erscheinung als Vertretung für eine Menschheitsentwicklungsstufe, wobei der Adler als Sinnbild für die eintretende Menschheitsvergeistigung zu betrachten ist. Die Vorstufen Löwe - Stier - Mensch symbolisieren Bewußtseinsstufen, die einen verborgenen astrologischen Sinn haben und die den Propheten als einen Urvater der Esoterik ausweisen.

Hesekiel ist der erste von den alten Propheten, der mit großer Deutlichkeit von einer endzeitlichen Reduzierung der Menschheit auf ein Drittel spricht: ...„Das letzte Drittel aber will ich zerstreuen (physisch und geistig über die Welt verteilen) und das Schwert hinter ihnen wegziehen" (vom Unheil verschonen). Von der Vision des künftigen Reiches Gottes auf Erden zeugen des Propheten eigene Worte: „Durch göttliche Gesichte führte mich der Herr ins Land Israel (die geistig erwachte Menschheit) und stellte mich auf einen hohen Berg (geistig erhöhter Standort). Da war es darauf *wie* eine gebaute Stadt (das herabgestiegene himmlische Jerusalem) gegen Mittag" (geistiges Sonnenlicht).

Der Prophet *Maleachi* wirkte um etwa 430 v.Chr. Seine Visionen lassen ihn hart ins Gericht gehen mit zeremoniellem Altaropfer und wortreichen Kirchensatzungen. Er ruft den gottesgebotlichen Bund mit *Levi* (Lev = Herz, hebr.) in Erinnerung als den uranfänglichen Wunsch der Gottheit nach inniger Herzensgemeinschaft mit dem Menschen, der erst durch diese zur Krone der Schöpfung aufsteigen kann.

Als einziger unter den sechzehn bekanntesten alttestamentlichen Propheten kündigt Maleachi das erneute Auftauchen Elias an, der nach des Propheten Worten als „Vorläufer des Herrn" vor den gewaltigen Umbruchereignissen der Endphase unserer Zeitenwende als Weltenwarner wieder erscheinen wird: ...„Siehe, ich will euch senden den Propheten Elia, ehe da kommt der große und schreckliche Tag des Herrn. Der soll das Herz der Väter bekehren zu den Kindern, und das Herz der Kinder zu den Vätern, damit ich nicht, wenn ich komme, das Erdreich mit dem Fluche der Vertilgung strafen muß."

Auch in den Visionen von *Hosea, Joel, Amos, Obadja, Micha, Sacharja, Habakuk* und *Zephanja* läßt sich der rote Faden endzeitlicher Verkündigung bruchlos weiterverfolgen. Aber in den Schauungen auch dieser Seher erblickt die Schultheologie heute noch ein überwiegend historisches Dokument des israelischen und judäischen Völkerschicksals, da die inspirierten Metaphern als solche vielfach nicht erkannt werden. Bei Hosea z.B. symbolisiert ein Tag ein Jahrtausend. Der Prophet charakterisiert die im nachjesuanischen Zeitalter sich im Materiellen verlierende Menschheit mit den Worten: ...„Er macht uns lebendig nach zwei Tagen (!) und wird uns am dritten Tage (das nun anbrechende dritte Jahrtausend des Wassermanns) wieder aufrichten ...“.

In den Visionen *Joels* bedeuten die Mächte der Mitternacht das im Materiellen sich gründende Machtsystem unseres sterbenden Zeitalters: ...„Ich will den von Mitternacht fern von euch wegtreiben und ihn in ein ödes Land verstoßen. Darum fürchte dich nicht, liebes Volk, der Herr kann auch große Dinge tun. Und es soll geschehen, daß wer des Herrn Namen anruft (die innere Verbundenheit mit Gott), der soll errettet werden ...“.

Auch *Amos* geißelt in scharfen Worten veräußerlichtes Altaropfertum als einen völlig untauglichen Weg zur Wiedergewinnung der verlorengegangenen Gemeinschaft mit Gott: ...„Ich verachte eure Feiertage und mag eure Versammlungen nicht, und ob ihr mir auch Brand- und Speisopfer bringt, so habe ich keinen Gefallen daran. Tut nur weg von mir das Geplärr eurer Gesänge...“.

Mit ähnlichen Worten künden auch *Obadja, Micha* und *Sacharja* von der Unabwendbarkeit endzeitlicher Läuterungsperioden, um die *gesamte* Menschheit auf einen höheren Bewußtseinsstand bringen zu können. Einen besonders eindringlichen und metaphernreichen Bezug auf unsere endzeitlichen Entwicklungen finden wir in der Prophetie *Habakuks*.

Am ehesten noch könnte man auf den ersten Blick beim Lesen der Weissagungen *Zephanjas* glauben, der Prophet habe lediglich geographisch-regionale Schicksalsverläufe seines Volkes vorausbeschrieben. Sicher hatten auch Parallelitäten im äußeren Geschehen einen geheimen Bezug auf den ins Große projizierten inneren Zustand der biblischen Völker. Spätestens jedoch ab Kapitel 3, Vers 8 seiner Prophetie wird die menschheitsumspannende Schau seiner Inspiration erkennbar. Zephanja schildert hier in emphatischen Worten die künftige Rückverbindung der Gottheit mit der geistigen Essenz Israels, die in *allen* Völkern der Erde sichtbar werden wird: ...„Denn alsdann werde ich die Lippen der Völker in *reine* Lippen umwandeln, damit sie *alle* den Namen Jehovas anrufen und ihm einmütig dienen ...“.

Die Evangelienberichte des Neuen Testamentes sind durchzogen von prophetischen Visionen über die äußere und innere Zerstörung Jerusalems bis hin zur fernen Zukunftsentwicklung abendländischer Kultur und einer zur Staatsreligion erstarrten Weltkirche mit nahezu völlig erstorbenem inneren Glaubensleben. Es ist Jesus selbst, der in den Evangelienberichten von Matthäus, Markus, Lukas und Johannes auch als Prophet auftritt zu einer Zeit, da das moralisch-sittliche Niveau der herrschenden Tempelpriesterschaft auf dem tiefsten Stand angekommen war. Kaum ein Priester oder Rabbiner glaubte im Herzen noch an Jehova. Man zürnte untereinander seinem Namen, dem, der seinem erwählten Volk nicht einmal die Schmach römischer Oberherrschaft erspart hatte. Für viele war Jehova nur noch ein Phantom wie einer der vielen unberechenbaren römischen oder griechischen Götter.

Entsprechend hart und kompromißlos mußte ungeachtet seines göttlichen Charismas die prophetische Sprache Jesu sein, wenn es um die aus dem seinerzeitigen Zustand Jerusalems erwachsende künftige menschheitsgeschichtliche Entwicklung ging, letztendlich aber auch um den endgültigen Sieg des Reiches Gottes auf Erden (Matthäus 23,24,25). Jesu' gewaltige Rede in den zitierten Kapiteln ist auch als die „Kleine Apokalypse" bekannt. Auch im 13. Kapitel des Markus-Evangeliums und im 21. des Lukas ist von den gleichen Dingen die Rede. Die von Jesus hierbei gewählten Metaphern verdienen eine besondere Beachtung (Matthäus 24, 15-19 bzw. Markus 13, 14-16): ...„Wenn ihr aber sehen werdet Jerusalem (die verweltlichte Kirche) belagert von einem Heere (aufgeklärtes Bewußtsein), so wisset, daß da herbeigekommen ist der Greuel der Verwüstung, von dem der Prophet Daniel geweissagt hat, daß er stehen werde an der heiligen Stätte (der ursprünglich geheiligte Tempel). Wer es liest, der merke darauf! Alsdann fliehe auf die Berge (die höhere Erkenntnis), wer im Lande Judäa ist (im wahren Glauben). Und wer auf dem Dache ist (einen geistigen Überblick hat), der steige nicht wieder ins Haus (alte Lehren und Bräuche), um daraus etwas zu holen (Rückfall in alte Gewohnheiten). Wer auf dem Felde weilt (in geistiger Freiheit), kehre nicht zurück (ins enge Haus alter Satzungen), um seine Kleider zu holen (sich mit äußeren Kulthandlungen zu schmücken)."

Der prophetische rote Faden von Menschheitsheimsuchung und Heilserwartung zieht sich auch durch die Apostelbriefe des *Petrus* und *Paulus*. Für unsere jetzige Situation, wo im politischen Dialog der Großmächte Vernunft und ehrlicher Abrüstungswille erkennbar zu werden scheint, ist ein Sendschreiben des Apostels Paulus von faszinierender Aktualität. Er schreibt dort: ...„Von der Zeit und Stunde ist nicht nötig euch zu schreiben, liebe Brüder, denn ihr wisset selbst, daß der Tag des Herrn kommen wird wie ein Dieb in der Nacht. *Gerade, wenn sie sagen werden: Es ist Friede, es hat keine Gefahr, wird sie das Verderben plötzlich überfallen* wie die Wehen eine Schwangere, und sie werden nicht entrinnen..." (1. Thess. 5, 1 - 3)

Auf die Johannes-Offenbarung als das gewaltigste Verkündigungswerk einer kommenden Menschheitsläuterung und des folgenden Reiches Gottes auf Erden wurde bereits ausführlich verwiesen. Obwohl bereits durch Swedenborgs und Lorbers Neuoffenbarungsschriften mehr Licht in die geheimnisvolle Metaphorik der Apokalypse gebracht wurde, wird manches daraus erst durch die noch sehr verborgen wirkende Gegenwartsoffenbarung entschlüsselbar. Eine geradezu himmlische Bedeutung verbirgt sich wohl auch im Beginn des 12. Kapitels: „Und ein großes Zeichen erschien in dem Himmel: Ein Weib, bekleidet mit der Sonne, und der Mond war unter ihren Füßen, und auf ihrem Haupte eine Krone von zwölf Sternen. Und sie ist schwanger und schreit in Geburtswehen und in Schmerzen zu gebären." - Wenn das Weib die nun von einer reiferen Menschheit wiedererkannte göttlich-weibliche Liebe-Lehre versinnbildlicht, so darf man in der schweren Geburt des Kindes die neu erwachende und fürderhin unbezwingbare Gottesliebe im Menschenherzen begreifen. Der weitere chronologische Ablauf der Johannes-Offenbarung dürfte eine solche Deutung stützen.

Einen tiefen Einblick in die dunkle Metaphorik der Johannes-Apokalypse vermittelt auch Max Prantls Werk „Die geheime Offenbarung des Johannes in der Sprache der neuen Zeit".

Es erscheint merkwürdig, daß im ersten nachchristlichen Jahrtausend keine namhaften Propheten und Visionäre in Erscheinung getreten sind, obwohl im Stillen zahlreiche Menschen auch Gesichte und bedeutsame prophetische Träume gehabt haben mochten. Letzteres trifft sogar mit Sicherheit zu, denn das prophetische Potential der Menschenseele kann niemals völlig zur Ruhe kommen. Es ist wie ein geheimer Telefonanschluß, der uns mit dem Göttlichen verbindet. Wenn es klingelt, müssen wir allerdings abheben.

Nach einigem Überlegen dürfte es klar werden, warum das erste nachchristliche Jahrtausend ein quasi prophetenberuhigter Zeitabschnitt war: Zunächst wartete man etwa 200 Jahre auf die Erfüllung der biblischen Prophetie, da kaum jemand an eine weiter in die Menschheitszukunft hineinreichende Weissagung glauben mochte. Der Grund hierfür war wohl der, daß man einerseits vieles zu buchstäblich auffaßte, andererseits die angekündigten Ereignisse mit nahen volksgeschichtlichen Schicksalen verknüpft erwartete. Hinzu kam eine sicher noch sehr kindliche Vorstellung eines Reiches Gottes auf Erden, das für die noch ungeläuterte und unreife Menschheit noch lange ein Abstraktum bleiben mußte. Schließlich waren aber auch die ersten zwei Jahrhunderte noch überwiegend von wahrer christlicher Brüderlichkeit gekennzeichnet; das Prophetisch-Unterbewußte der Psyche brauchte als Warnanzeige (noch) nicht virulent zu werden. Hätten die Propheten genaue Angaben über den Erfüllungszeitpunkt ihrer Visionen machen können, wäre den Menschen damit wenig gedient gewesen: Die damit verbundene Einengung des freien Willens hätte das individuelle Sein des frühchristlichen Menschen gelähmt und ihn in die geistige Unfreiheit geführt; Gott will keine gehorsamen Marionetten. Er will gesucht werden und läßt sich auch absichtlich wieder verlieren, um sich dann umso ungestümer wieder finden zu lassen. Bereits die ersten Kirchenlehrer zogen ihre Schlüsse aus dem Ausbleiben der naherwarteten Gottesreichserfüllung: Mit der Umdeutung der prophetischen Aussagen, insbesondere der Johannes-Offenbarung zu einer rein mystischen Symbolik ohne menschliches Zugangsrecht wurde eines der ersten Dogmen geboren. Bis heute herrscht auch bei den meisten Sekten die Anschauung, die Johannes-Visionen seien nicht mehr als nur verhüllte Schilderungen menschlicher Seelenabläufe. - Wo bliebe da die Relevanz der von Gott gegebenen Offenbarung? Die Bibel als siebenfach verschlossene Mysterienfibel?

Das berühmt-berüchtigte Stoßgebet Tertullians („Wir wünschen es nicht zu erleben, und indem wir um Aufschub (!) dieser Dinge beten, befördern wir die Fortdauer Roms") formierte eine geistliche Ablehnungsfront gegenüber der 1000-jährigen Heilserwartung. Diese wurde schließlich, wie bereits erwähnt, als „Chiliasmus" gebrandmarkt und machte damit alle ihre Hoffnungsträger zu Häretikern. Damit begann die äußere Kirche das zu werden, was sie nicht sein wollte: die prophezeite „Tochter Babels" - eine der ersten Erfüllungen der Apokalypse war eingetreten. Als später dann Augustinus verkündete: „Unsere sichtbare Kirche ist schon das gestaltgewordene Reich Christi auf Erden, daher ist jede Zukunftserwartung Irrglaube", begannen die Getreuen sich in den Untergrund zu begeben. Teils gönnerhaft geduldet, teils ignoriert, separierten sich die ersten Mystiker im Stillen. Sie übten nicht ohne Grund zunächst Zurückhaltung, denn noch orientierte sich die frühe römische Kirche trotz beginnender Veramtlichung weitgehend an dem Evangelium des Messias und war dem Machtstreben noch nicht unrettbar verfallen.

Dies aber begann sich im 8. Jahrhundert n.Chr. dramatisch zu ändern. Die Kirche erhielt neben anderen Privilegien kaiserlich verbriefte Machtbefugnisse und erlangte ein neues Selbstbewußtsein. Unter Karl dem Großen wurde zum ersten Mal kirchliche Macht systematisch organisiert, Glaube wurde verordnet, Religion vorgeschrieben, aus Kirche wurde endgültig Amtskirche. Der Einbruch des Islam in die christlich organisierte Lebenskultur des Abendlandes wurde als das „Erscheinen des Antichristen" gewertet. Eifrig begann man, die biblische Verkündigung als einen Steinbruch zu benutzen: Passendes wurde geschürft, Unpassendes liegengelassen. Im Aneignen einer gottesstrafgerichtlichen Denkweise glaubte man an einen alttestamentlichen Gott als lenkenden Feldherrn blutiger Kreuzzüge.

Ein derartiger Rückfall in ein rein materialistisch-absolutistisches Selbstbehauptungsstreben mußte endlich neue Propheten und Mystiker auf den Plan rufen: Das prophetische Vermögen der Menschenseele begann sich wieder neu zu regen und auch noch ein weiteres, neues Phänomen der geistigen Opposition trat in Erscheinung. Es kam zum Ausdruck im vielfältigen und geheimen Wirken christlich-esoterischer Kreise, in welchen durch Versenkung und Gebet die innere Wiederbegegnung mit Gott gesucht und gefunden wurde. Auch Spuren altägyptischen Urwissens wurden verfolgt, Geheimbünde gegründet, weise Frauen heilten, berieten - und wurden verraten. Kein Wunder, daß ein solches Treiben einer sich immer mehr verweltlichenden Kirche nicht geheuer bleiben konnte. Die Inquisition nahm immer schärfere Formen an. War sie zuerst nur ein geistliches Strafmittel, wurde sie ab dem 12. Jahrhundert zusätzlich in Verbindung mit der Staatsgewalt sanktioniert und ab dem 13. Jahrhundert noch durch viele Arten der Folter bereichert.

Unter den Neuerleuchteten befanden sich auch hin und wieder sogar Persönlichkeiten der abendländisch-christlichen Kirche. Äbte, Klosterschwestern und Angehörige der unteren Geistlichkeit waren unter ihnen. Allein ihr geistlicher Stand bewahrte sie vor der üblichen Verfolgungsprozedur. Hat man ihre mystischen Erfahrungen und Visionen zwar nicht enthusiastisch begrüßt, so wurden sie als Privatoffenbarungen wenigstens im allgemeinen vorläufig geduldet. Betrachtet man dabei das Wesen der römisch-katholischen Mystiker etwas näher, entdeckt man bei ihnen häufig eine außerordentlich innige Gottverbundenheit. Die Erklärung hierfür dürfte wohl darin liegen, daß die persönliche Unterwerfung unter die äußeren Vorschriften eines strengen Glaubenssystems ein besonderer Demutsakt ist, welcher hin und wieder das menschliche Ego von seiner Eigensucht befreit, wodurch die Rückverbindung der geistverbundenen Seele zu ihrem Schöpfer bewirkt werden kann. Erleben nicht auch Eltern mit ihren Kindern häufig, daß ihre Erziehung ganz andere Früchte trägt, als sie sich gedacht hatten?

Einer jener großen Mystikerpropheten war der italienische Abt *Joachim von Fiore* (etwa 1150-1202). Nach Berichten jener Zeit war die Erleuchtung wie ein himmlisches Feuer über ihn hereingebrochen. Augenblicklich von prophetischem Schauen überwältigt, erkannte er in den mystischen Deutungen der alten Propheten den Kern deren Aussagen. Der These des Augustinus, daß die Kirche bereits das geweissagte Reich Gottes darstelle, trat er mit stürmischer Überzeugungskraft entgegen. Laut seiner inspirierten Erkenntnis sah er drei Bewußtseinsphasen der Menschheit als zeitliche Dreiteilung der geistig-religiösen Menschheitsentwicklung: Das Zeitalter des Vaters (die Zeit des Lernens, des Gehorsams im alten Bund), das Zeitalter des Sohnes (die Zeit der Aufnahmebereitschaft des Liebe-Evangeliums vom Wirken Jesu bis heute), das Zeitalter des heiligen Geistes (die geläuterte und vergeistigtere Menschheit des nächsten Jahrtausends). Der gottbeseligte Abt prophezeite für das dritte Zeitalter auch das Fallen sämtlicher liturgischer Kulte, Sakramente, Dogmen und sonstiger äußerer Formen. Die Ausstrahlung seiner Persönlichkeit war so stark, daß trotz aller wachsenden Befehdung seiner Ideen er erst nach seinem Tode als Ketzer eingestuft wurde.

Übrigens spricht auch die Gegenwartsprophetie von der Mitte des letzten Jahrhunderts an bis heute von einer ersten, zweiten und dritten Zeit.

Joachim von Fiore sah auch im Wirken der drei neutestamentlichen Persönlichkeiten Petrus, Paulus und Johannes eine Analogie zu seiner Dreizeitenlehre. Er schreibt dazu: ...„Das ist die wahre Kirche, die durch den von Petrus gelegten Grund durch Paulus hindurch in das Ende geht, welches die Kirche des *Johannes* sein soll ... Diese letzte, ohne allen äußeren Zwang bestehende ewigbleibende Einheit fällt in jene *dritte* Periode, die im voraus angedeutet ist durch den dritten großen Apostel Johannes. Dieser hat die Einfalt des Petrus und damit vereint die Gedankentiefe des Paulus ...“.

Eine interessante Figur in der Reihe der Mystiker und Visionäre des Mittelalters ist auch *Malachias*. Es ist nicht erwiesen und gilt als eher unwahrscheinlich, daß sich hinter dieser Gestalt der irische Bischof Malachias von Armagh verbirgt. Malachias zeichnet sich als Prophet durch die Voraussage von 112 Päpsten aus, die von 1143 n.Chr. bis zum Beginn der dritten Zeit wirken werden. Viele der von ihm verliehenen päpstlichen Beinamen klingen nicht sehr schmeichelhaft, bestätigen aber in der Gesamtbeurteilung der jeweiligen Päpste klar ihren prophetischen Sinn. Der gegenwärtige Papst (Joh. Paul II.) ist nach des Propheten Tabelle der 110., dem noch zwei kurzregierende folgen sollen. Danach sieht der Prophet in seiner Vision „vier Engelspäpste“, die als wahre Eingeweihte den Bund der Erde mit dem herabsteigenden „Himmlischen Jerusalem“ festigen werden.

Als eine Sonne am Himmel der Eingeweihten gilt der bis in die Mitte des 16. Jahrhunderts hinein wirkende Arzt *Paracelsus*, berühmt auch unter dem Namen Theophrastus Bombast von Hohenheim. Er vereinigte in sich in begnadeter Weise den Propheten, den Mystiker und den bedeutendsten Arzt des späten Mittelalters. Seine geistige Universalität wird erkennbar in seinem Ausspruch: „Aus Gott geht der Arzt hervor, und der Urgrund aller Arznei ist Liebe!“

Das Hauptthema seiner mystischen Prophetie ist die Weissagung der Auffindung eines „großen Schatzes zwischen Schwaben und Bayern“, ein Ereignis von unerhörter Tragweite. Den Wert des Schatzes umschreibt er bildhaft mit „mehr denn 12 Königreiche“. Im Verlauf des gesamten prophetischen Textes wird die *geistige* Substanz des Schatzes erkennbar: Paracelsus interpretiert diesen Schatz als Schlüssel zur „geistigen Alchemie“, im Sinne der Umwandlung des niederen Egos in das bewußtseinsergreifende höhere göttliche Ich.

Mit der geographischen Standortbezeichnung „zwischen Schwaben und Bayern“ dürfte für den Kenner der Neuoffenbarungsschriften Jakob Lorbers der geheimnisvolle Schatz enträtselt sein: Das gewaltige Schrifttum des inspirierten Mystikers mit dem bereits erwähnten elfbändigen Hauptwerk „Das große Evangelium Johannes" ist wohl wahrlich ein Schatz der Schätze, und jedem Glaubenswilligen sollte beim Lesen es wie Schuppen von den Augen fallen. Das gesamte Lorberwerk wird seit 1877 (nach gescheiterten spätinquisitorischen Verhinderungsversuchen) an einem Ort in Schwaben, der nahe an Bayern liegt, im Druck veröffentlicht. Nach dem ersten Weltkrieg erfuhr das größte Dokument der Neuzeitoffenbarung immer weitere Beachtung und ist bis heute im deutschsprachigen Raum in Millionen Büchern verbreitet. Viele, denen der vorgegebene Weg zur Gottheit über den amtskirchlichen Institutionspfad nicht gangbar erschien, haben im Großen Johannesevangelium Lorbers den Gottmenschen Jesus gefunden, den sie endlich auch *lieben* können, den, den die unendliche Sehnsucht ihres Herzens schon immer gesucht hatte: Gott als Partner, als Kumpel, mit dem man nachts um drei Uhr noch reden kann, wenn einen die Sehnsucht dazu treibt. Ganz in diesem Sinn erwähnt Paracelsus einen großen Karfunkelstein, der dem Schatz zugesellt sei. Der purpurrote Rubin darf hier als eine Metapher für die dem Herzenszentrum entströmende Liebe betrachtet werden; der glaubensoffene Leser der Neuoffenbarungsschriften tauscht die abstrakte Gottesvorstellung in eine miterlebte Gotteserfahrung: Einen Gottmenschen zum Anfassen kann man endlich auch lieben.

Eine detaillierte Deutung dieser Paracelsus-Prophetie bietet M. Kahir in seinem Werk „Nahe an 2000 Jahre". Der Bezug auch auf unsere Gegenwart mit ihren vielfältigen Umbruchereignissen wird darin sehr deutlich hervorgehoben.

Goethes Würdigung des Sehers *Nostradamus* (1503-1566) im Faust ist bekannt. Der Dichter fühlte die in den oftmals dunklen Versen verschlüsselte Wahrheit und kannte auch den Grund, weshalb Nostradamus den Inhalt seiner Prophetie verschleiern mußte: Überall lauerten die Häscher der Inquisition, die Domini canes („Hunde des Herrn"); der Weg vom Verdacht bis zum Scheiterhaufen war sehr kurz geworden. Man tut dem Seher also sehr unrecht, wenn man ihm vorwirft, sich in wolkigen Vieldeutigkeiten zu gefallen. Wahr ist, daß Nostradamus alle seine Weissagungen zuerst unverschlüsselt in Prosa niedergeschrieben hatte. Als er sah, wie wenig Rühmliches da für die inzwischen so sehr veräußerlichte Amtskirche herausschaute, verbrannte er sie schließlich vorsorgehalber sämtlich.

Man sieht in Nostradamus, der als Arzt, Astrologe und Astronom gleichermaßen geschätzt wurde, gern den Magier. Sicher rührt das auch daher, daß seine hellseherische Begabung ebenso stark wie ungewöhnlich war: Viele seiner Visionen sah er als belebtete Bilder im Kaminfeuer entstehen und konnte auch gleichzeitig deren Bedeutung erfassen. Wir finden auch bei diesem Seher einen immer wiederkehrenden Bezug auf das erwartete ewige Friedensreich. Damit im Zusammenhang kündigt der Prophet das Herabsteigen des heiligen Geistes auf dem 48. Breitengrad und das Erscheinen einer führenden Persönlichkeit auf dem 50. Breitengrad an - Ereignisse, die in unsere Zeit weisen.

Ene Bezugnahme auf die Johannes-Offenbarung...„Satan gebunden auf tausend Jahre, danach ein letztesmal für *kurze* Zeit losgelassen!" finden wir in den Versen des Propheten (Centurie X / 42):

„Eine Herrschaft der Menschlichkeit göttlicher Herkunft
kommt herauf, eine Friedenszeit der Völkergemeinschaft.
Dann wird die Furie des Krieges gefesselt sein
in ihrem Verließe für lange Zeiten."

Die Vision des „Himmlischen Jerusalem" wird erkennbar im Quatrain III/2:

„Das göttliche Wort wird der Substanz,
die Himmel und Erde in sich schließt,
verborgenes Gold in mystischem Licht verleihen:
Wenn Körper, Seele und Geist die Macht gewonnen,
wird's unten sein wie droben am Himmelsthron!"

In *Jakob Böhme* (1575-1624) verbarg sich einer der größten Geister, die je im Abendland aufgetaucht waren. Als unscheinbarer Schustermeister lebte er bereits auf Erden im himmlischen Licht seiner vergeistigten Innenwelt der Seele. In seiner Prophetie gründet er sich bewußt auf die Schauungen Daniels und des Johannes, was den Zerfall der inneren Kirche betrifft, und dessen dramatisches Fortschreiten er schmerzlich miterlebt. Das bereits von Daniel angekündigte Gottesreich auf Erden sieht Böhme in der Vision des Lilienreiches heraufziehen.

Sicher war es wohl mehr spöttisch gemeint, wenn man dem schlichten Mann seiner Schriften wegen den Titel „Philosophus teutonicus" verliehen hatte. Er war viel mehr mystischer Seher als analytischer Denker. Böhme wußte vom nahe herbeigekommenen Reich und fühlte sich angesichts der vielfachen Greuel seiner Zeit auch mitten im endzeitlichen Geschehen. Dennoch erkannte er, daß mit dem Begriff „nahe herbeigekommen" in geistigen Kategorien gemessen, eine noch jahrhundertelange Erfüllungszeit verbunden sein mochte: ... „Vor Gott ist tausend Jahr als ein Tag, *der Geist sieht alles nahe*. So vermeint auch der siderische (natürlich-materielle) Mensch, es sei bald, ist aber im Rate Gottes...". Nicht alle Propheten vor ihm hatten eine solche Einsicht, denn jede Vision wird vom Schauenden ja als ein „Nahgesicht" empfunden und löst den Visionär damit aus dem chronologischen Zeitempfinden heraus. Deshalb die jahrhundertelange Naherwartung der Dinge, die vom alleinigen Faktor Zeit her gesehen damit zwangsläufig eine Enttäuschung für die bleiben mußte, welche noch irdisch lebend Zeuge des Endgeschehens sein wollten.

Böhme war einer von den wenigen, die mehr fühlten, als schauten. Die Bilder des kommenden Heilsgeschehens waren in seiner Innenwelt gespeichert und permanent abrufbar, so daß es anderer sporadischer Erleuchtungen nicht bedurfte. Er litt unablässig unter dem neuen „Fall Babels", der „verwüsteten Christenliebe", ahnte aber, daß sich die Menschheit im Schlußabschnitt der Endphase noch weiter von Gott entfernen werde. Für unsere Gegenwartsmystik war er als letzter großer Seher des Spätmittelalters bereits derjenige, der im „Fall Babels" das Abfallen jedes *Einzelnen* von seiner göttlichen Herkunft sah. „Babel" galt ihm als Metapher der ganz persönlichen Abkehr des Menschen von seinem göttlich vererbten Gewissen in den Formen der Eigenliebe, der Machtsucht und des Besitzdenkens.

Obwohl vom orthodoxen Klerus geschmäht und bespöttelt, entging der große Mystiker der sonst so unerbittlichen Inquisition. Der Grund hierfür mag wesentlich auch darin liegen, daß er im schlesischen Landadel einflußreiche und tiefgläubige Anhänger gefunden hatte, die ihn bis zu seinem Tode vor physischer Verfolgung ausreichend abschirmen konnten. Immerhin war er ja als Verfechter der chiliastischen Bibelprophetie, kirchenamtlich beurteilt, ein Ketzer.

In *Anna Katharina Emmerich* (1774-1824) tritt eine römisch-katholische Nonne als prophetische Kronzeugin gegen eine völlig veräußerlichte Weltkirche in Erscheinung, wovon ihr Seherwort „Und Er nahm sich *andere* Leute in seinen Dienst" unmißverständlich kündet. Nichtsdestoweniger wurde sie von der Kirche zur größten Visionärin des 19. Jahrhunderts erklärt, was wohl damit zusammenhängt, daß sie auch Trägerin der Wundmale Christi, also eine unbezweifelbar Stigmatisierte war. Hinzu kommt natürlich auch, daß zu Anfang des 19. Jahrhunderts die grausamen Formen der Inquisition aufgehoben werden mußten, da die Amtskirche Schritt für Schritt Macht, Einfluß und Ansehen einbüßte - auch ein Erfüllungskriterium der endzeitlichen Prophetie seit Daniels Schau vom nachfolgenden Reich Gottes innerhalb einer wieder vergeistigten Kirche. In den Schauungen und der Sprache der Prophetin erkennt man immer wieder deren katholisch geprägtes Ego, welches schaudernd und mitunter ungläubig zweifelnd vor den eigenen Visionen zurückschreckt. Letztendlich aber war sie stets von der Wahrheit des Geschauten überzeugt, da die Bilder eine ungeheure Realität vermittelten. Die Bedeutung A. K. Emmerichs hatte auch der Dichter Clemens Brentano erfaßt, der ein sehr beachtenswertes Werk über die Visionärin und deren absolute Glaubwürdigkeit verfaßt hat.

Die eigenen Formulierungen der Seherin lassen einen überraschend klaren Bezug auf die Johannes-Offenbarung erkennen. In leicht metaphorisch gekleideten Bildern sah sie Sachverhalte wie in einem Dokumentarfilm ablaufen, in welchem die chronologische Entwicklung vom Zerfall des Alten bis zur schwierigen Geburt des Neuen veranschaulicht wurde.

Als ein besonderer Höhepunkt ihrer visionären Fähigkeiten erscheint die Schau einer himmlischen Frauengestalt als Symbol des weiblichen Aspektes der Gottheit und der gleichzeitig erneuerten reinen Lehre. Der dogmatisch enge Begriff der „Mutter Gottes" wandelt sich in ihrer begnadeten Sicht zu „Gott als Frau" - die reine Liebe ist weiblich! Auch in der Johannes-Offenbarung begegnen wir dieser himmlisch-weiblichen Vision.

Betrachten wir ruhig dieses Bild gleichzeitig auch als Symbol der geistigen Überwindung des Patriarchats. Erleben wir gegenwärtig nicht bereits eine immer erkennbarer werdende Demaskierung aller männerselbstherrlichen Schlüsselpositionen unseres Systems?

Die bis ins Spätmittelalter und vereinzelt darüber hinaus auftretenden Kirchenreformatoren, Sektierer, Astrologen und geheimbündlerischen Mystiker aller Couleur kann man, da sie wenig oder überhaupt nicht auf die endzeitliche Heilserwartung hinwiesen, nicht als Vertreter der großen chiliastischen Prophetie betrachten. Aber gerade sie gelten zu Recht als unübersehbare Indikatoren einer zerfallenden Weltkirche, als Sekundärpropheten des sich aus dem Kokon befreienden Geistes. Ihr Los war häufig nicht besser, als das der als „Hexen" verrufenen weisen Frauen und jener ungezählten Menschen, die sich dogmatisiertem Glauben widersetzten.

Die noch unerkannte Prophetie der letzten zwei Jahrhunderte

„Es wird zu allen Zeiten Propheten geben, bis ans Ende der Welt"
Jesus in J. Lorbers
„Gr. Evang. Johannes"

Eingeweihte sehen in dem Dreigestirn Böhme - Swedenborg - Lorber den Höhepunkt der mystisch-prophetischen Offenbarungen, die für die inzwischen reifer gewordene Menschheit der apokalyptischen Endphase von unabschätzbarer Relevenz geworden sind. Während Swedenborgs mystisches Schauen von hochgradiger Hellsichtigkeit getragen war (seine Einblicke in die Geisterwelt sind wohl unübertroffen geblieben), begegnet uns in der Person Jakob Lorbers der feinhörige auserwählte „Schreibknecht Gottes", der einer von Äußerlichkeiten und materiellen Irrtümern übersättigten Menschheit im inspirierten Großen Johannes-Evangelium endlich die wahre geistige Kost geschenkt, von der bereits in der Johannes-Offenbarung im Kapitel 14, 6 geschrieben steht. Es ist ein Jahrtausendwerk, das gleichzeitig für die Zukunft und damit im weiteren Sinne für die Ewigkeit geschrieben ist. Darüber hier mehr zu berichten, würde den Rahmen des hier Vorgegebenen sprengen. Ohnehin war ja bereits wiederholt die Rede vom Neuoffenbarungswerk und es wird auch an späterer Stelle dieses Buches noch darauf Bezug genommen werden.

Ein Phänomen besonderer Art als Merkmal unserer Zeitenwende kündigt der Mystikerprophet mehrmals in seinen Schriften an. Es ist das sogenannte „Innere Wort", das in der fortgeschrittenen Läuterungsphase der Menschheit hier und da in Erscheinung treten soll als der tönende göttliche Funke in der Seele, gleichzeitig auch als ein Vorzeichen der göttlichen Wiederkunft im Menschenherzen. Dieses dem apostolischen Pfingstwunder vergleichbare Phänomen taucht tatsächlich in zunehmendem Maße seit der Mitte des 19. Jahrhunderts in verschiedenen Teilen der Welt auf und breitet sich gegenwärtig am stärksten im deutschsprachigen Raum aus. Es ist dies ein Zeichen dafür, daß sich das prophetische Potential der Seele freizumachen weiß auf vielerlei Weise. Sicher ist das „Innere Wort" ein prophetisches Kriterium erster Güte, zugleich ist andererseits aber nicht jeder in der wachsenden Schar der Sensitiven ein Prophet im alten Sinn. Auch hier gilt der biblische Rat, die Geister zu prüfen. Aber lassen die partnerschaftlichen Erwartungen Gottes an die gereifteren Menschen unserer Zeit eine andere Form zu, als gerade diese intime? Zeigt Gott durch eine solche individuelle Ansprache nicht auch gleichzeitig, daß er sich jedem Einzelnen nähern will, um solchermaßen den Boden für sein Reich zuzubereiten?

Manifestationen des Inneren Wortes erhielten eine ganz neue Facette in der Mitte unseres Jahrhunderts. Die Menschheit hatte nach dem nicht allzu lange zurückliegenden ersten Weltkrieg auch das potenzierte Grauen des zweiten Weltbrandes überstanden und damit auch eine der schrecklichsten apokalyptischen Hürden der endzeitlichen Johannes-Offenbarung unbewußt genommen. Die nahe Zukunft der wieder aufatmenden Völker sollte aber bestimmt werden durch ein vorher nie gekanntes Streben nach äußerem Wohlstand. Das patriarchalische System setzte mit der Inthronisation der Götzen Wachstum und Leistung zum letzten selbstzerstörerischen Endspurt an. Ein neuer „Macht-euch-die-Erde-untertan-Mythos" berauschte die Industrienationen. In diesem Klima eines vermeintlichen Aufschwungs zum endgültigen Menschheitsglück wurde so manche insgeheim weltübersättigte Seele von der prophetischen Botschaft ihres Geistes heimgesucht, ja überrumpelt. Es waren und sind dies wohl ausnahmslos solche Menschen, die im äußeren gewiß alles andere als attraktiv erscheinen und deshalb von der Welt liebend gern übersehen werden. Die Stillen im Lande sind es, die Unscheinbaren. Das wenige, das sie sprechen, läßt sie leicht als Sonderlinge, wenn nicht gar als Spinner erscheinen und sie haben Mühe, dem Zeitgeist nicht völlig zu unterliegen. Es sind die, welche Gott zu allen Zeiten schon als seine Mittelsmänner erwählt hat, auch wenn sich die Weltgebildeten dabei die Haare rauften. Hat Jesus seine Zuhörer und Anhänger nicht auch vorzugsweise unter den Unbeachteten und Verachteten gesucht und gefunden? Seine eigenen Worte sind hierfür Zeugnis genug: „Ich preise dich, Vater des Himmels und der Erde, daß du solches verborgen hast den Weisen und Klugen, und hast es offenbart den Unmündigen!" (Matth. 11, 25)

Mittels des besagten Inneren Wortes setzte in den fünfziger Jahren dieses Jahrhunderts eine Flut von Privatoffenbarungen ein, deren Tenor ausnahmslos die endzeitliche Heilserwartung im Sinne des Johannes-Chiliasmus repräsentiert. Eine eindrucksvolle Textauswahl aus diesen faszinierenden Dokumenten unserer Zeitenwende finden wir in M. Kahirs bereits zitiertem Werk „Nahe an 2000 Jahre".

Auch die gegenwärtige endzeitliche Offenbarung gelangt über das Medium des Inneren Wortes zu uns, bleibt aber vorerst im wesentlichen intern unter Insidern, da sie als Mahnung zur äußerlichen Umkehr nicht mehr relevant sein kann; es werden deshalb vorwiegend Aspekte der geistigen Neuorganisation und geistig-seelischer Bewältigungsmechanismen vermittelt, die sich auch aus dem erwarteten Einwirken kosmisch-spiritueller Energieströme mitergeben werden.

Prophetische Visionen zeichnen sich mehr oder weniger durch metaphorische Symbolik aus. Auch die großen Meisterwerke, beispielsweise die unserer abendländischen Musikergenies sind als Inspirationen gleichzeitig Transformationen des Unaussprechlichen: Botschaften, die Ohr und Herz erreichen, *weil* sie zuvor umgewandelt wurden. Auch in der Dichtung und der bildenden Kunst ist der metaphorische Transformationsimpuls unentbehrlich, wenn das Veranschaulichte das Niveau einer höheren Botschaft erreichen soll. Betrachten wir also auch Bach, Mozart, Beethoven und Schubert z.B. ruhig als Mystiker, die ein spezifisches Sensorium für ebenso spezifische Aspekte des geistigen Universums besaßen. Da ihre Aussagen eine Artikulation der unterbewußten Sehnsüchte nach dem Göttlichen sind, so haben sie unbezweifelbar auch eine prophetische Qualität.

Geistiges läßt sich grundsätzlich auf Dauer weder unterdrücken noch eliminieren. Ließe sich die Botschaft eines späten Beethovenschen Streichquartetts in ein in Worte gefaßtes Glaubensbekenntnis umsetzen, so hätte die Amtskirche den Meister wohl auch als Ketzer verworfen. Auch Bachs Weihnachtsoratorium zeugt von einem Jubel, den nur die von glühender Heilserwartung durchdrungene Menschenseele ausdrücken kann.

Die viel belächelten Provinzpropheten, welche vom 18. bis in das 20. Jahrhundert hinein hier und da mehr als nur regionales Interesse weckten, dürfen ebenfalls keineswegs unterschätzt werden. Immerhin betrifft doch der Kern ihrer Aussagen übereinstimmend das herannahende endzeitliche Katastrophengeschehen, dem das von Schöpfer und Schöpfung sich losgesagte materialistische System blind entgegensteuert. Unter diesen noch teilweise wenig bekannten Hellsehern finden wir erstaunlich viele tiefgläubige Menschen, wie z.B. den „schlafenden Propheten" Edgar Cayce, der seine Visionen über einen geistigen Fernsehschirm empfing. Auch er hatte Gesichte über das endzeitliche Menschheitsschicksal, vorwiegend jedoch über Ereignisse, die seinen amerikanischen Heimatkontinent betreffen. Seine spirituell empfangenen naturheilkundlichen Ratschläge und Rezepte verzeichnen bis heute verblüffende Erfolge und werden von vielen Ärzten therapeutisch genutzt.

Es ist einleuchtend, daß an der Schwelle eines mehr dem Geistigen zugeneigten Zeitalters ganz allgemein eine auffällige Zunahme übersinnlicher Fähigkeiten und Phänomene zu beobachten ist. Wen überrascht es da noch, wenn der alles durchdringende Kommerz auch vor dem Gebiet des Metaphysischen nicht halt macht und die Gaukler des business auch auf geistig völlig fremden Terrain ihren Jahrmarkt eröffnen? Am drastischsten verspürte ich diese Situation bei einem Gang durch die zahllosen esoterischen Verlagsstände auf der Frankfurter Buchmesse: Räucherstäbchendüfte und Guru-Exklusivinterviews vor andächtig lauschender esoterischer Schickeria-Gemeinde hier, und vorwiegend die von den Stillen aufgesuchten Buchtitelreihen seriöser Offenbarungs-und Selbsterfahrungsliteratur dort. Das ist so augenfällig, daß selbst dem Neuling es nicht schwer fallen dürfte, die Spreu vom Weizen zu trennen.

Ich möchte diese Zwischenbetrachtung als Überleitung zu einem gegenwartsspezifischen Selbsterfahrungsphänomen nutzen, dessen literarische Beleuchtung seit mehr als 20 Jahren einen faszinierten Leserkreis findet, und welches nach meiner Überzeugung auch vieles über das prophetische Potential der Psyche enthüllt: Die Außerkörperliche Erfahrung (AKE) des Bewußtseins. Die Tatsache, den Körper bereits noch während seines irdischen Bündnisses mit der Seele spontan oder willentlich verlassen zu können, war im Altertum nur wenigen Eingeweihten bekannt. Über deren engsten Kreis hinaus galt das als unvorstellbar gehaltene kaum diskutabel. Noch ehe das in der Mitte unseres Jahrhunderts wieder verstärkt auftauchende Phänomen von Medizinern und Psychologen übereilt als solches widerlegt werden konnte, lagen bereits experimentell erworbene Beweise darüber vor, daß sich Physis und Psyche kontinuierlich und ohne Bewußtseinsminderung tatsächlich schon zu irdischen Lebzeiten vorübergehend trennen können. Zum ersten Mal hatte man mehr als nur einen Sekundärbeweis dafür in den Händen, daß die Seele ohne ihren physischen Träger fortexistieren kann. Zum Glauben an das Überleben des Todes war erstmals ein wissenschaftliches Beweisfaktum hinzugekommen, eine erste tragende Säule der Entmystifizierung des bloßen Glaubens.

Der prophetische Aspekt der Außerkörperlichkeit wird allerdings erst im Transzendieren von einem Seinsbereich in einen anderen erkennbar. Diese Fähigkeit kann auch beim transkommunikativen Kontakt mit der Psyche einer zweiten gleichzeitig astralreisenden Person virulent werden. Wenn sich dabei das unterbewußte Wissen einer Sendeperson in Schwingungen atmosphärisch frei macht, kann eine andere „wellengleiche" astralreisende Empfangsperson sogar an einem sehr entfernten Ort das übermittelte Wissen ihrem eigenen Unterbewußtsein einverleiben und dabei sogar mit der Perspektive einer fremden Person in die Vergangenheit oder Zukunft blicken. Eine solche besagte Sendeperson mag ebensogut eine in hohen Daseinsebenen existierende Persönlichkeit - sagen wir ein Engel - sein. Meiner Überzeugung nach sind dem außerkörperlich Entrückten nur auf diese Weise prophetische Einblicke auch in das endzeitliche Geschehen unserer nahen Zukunft möglich. Zweifellos würde sich ein stattliches prophetisches Buch füllen, könnte man die von allen transzendierenden Astralreisenden der Gegenwart erfahrenen Zukunftsvisionen erfassen.

Über den geistigen Mechanismus des Hellsehens wurden bereits vor rund 150 Jahren durch das inspirierte Wort des Mystikerpropheten Lorber alle die Fragen detailliert beantwortet, welche die Parapsychologen unserer Tage noch immer stellen. In dem Werk „Zwölf Stunden" spricht Jesus von den seelischen

Schwingungen, mittels welcher die geschauten Bilder in der Geschwindigkeit elektrischer Wellen nach allen Richtungen zum Empfänger transportiert werden können. Unter anderem ist die Rede von drei grundlegenden Bedingungen des prophetischen Sehens, nämlich...„eine *materielle*, eine *seelische* und eine *geistige*. Was demnach die erste Bedingung betrifft, so kann das Faktum von den leiblichen Augen erst dann erschauet werden, wenn es gerade eben geschieht, und zwar in einer solchen Entfernung, die von der leiblichen Sehkraft erreicht werden kann. Was die seelische Bedingung anbelangt, so werdet ihr es ohne viel Nachdenken leicht einsehen, daß ein Faktum fürs Erste in der Seele voran gehen muß, bevor es erst in die Körperwelt übergeht. Ist aber nun die Seele ihrer Decke enthoben, so kann sie ein solches Faktum vermöge der schnellen seelischen Fortpflanzung oft schon eine bedeutende Zeit früher ersehen, als solches erst zur materiellen Objektivität gelangt; oder sie kann auch ein verübtes Faktum nachträglich erschauen, gleichwie ihr einen fernen Nachhall vernehmet ...". Über das Vorausschauen von Unglücksfällen und anderer dramatischer Ereignisse lehrt Jesus an anderer Stelle: ...„Wenn irgendeine Seele bei besonderen Fällen in einen erhöhten Zustand gelangt, so wird auch der innewohnende Geist, freilich nur auf kurze Perioden, geweckt. In der geistigen Bedingung aber liegen alle Fakta, sowohl die vergangenen als die zukünftigen, unvergänglich zu Grunde. Nun kann da das Schauen auf eine zweifache Art geschehen, nämlich der Betreffende erschaut es zuerst aus seinem Geiste. Dieses Erschaute geht natürlich in die Seele über; wie es aber in die Seele übergegangen ist, so pflanzt es sich auch schon nach den euch bekannten Gesetzen weiter, und so dann irgend ein Mensch im erhöhten Seelenzustand sich befindet, so erschaut er auch ein solches gewisserart prognostisches Faktum nebst allen den Umständen, die sich da zutragen werden ...".

Es steht außer Zweifel, daß der „erhöhte Seelenzustand", von dem hier in der uns ungewohnten Sprache des 19. Jahrhunderts die Rede ist, identisch ist mit dem außerkörperlichen Bewußtseinszustand einer sensitiv begabten schlafenden Person. Es ist dabei gleichgültig, ob der astralreisende Schläfer sich seiner Außerkörperlichkeit bewußt ist oder nicht. Der letztere Fall dürfte der häufigere sein, da ja in der Regel ein solches Geschehen lediglich mit einem phantastischen Traum verwechselt wird. So betrachtet, ist das Phänomen gar kein so seltenes und wird zweifellos von mehr Menschen erlebt, als diese es überhaupt für möglich halten. Im ersten Fall bieten sich dem bewußt außerkörperlich agierenden Schläfer in der Form eines Klartraumes vielfältige Möglichkeiten, außerhalb Raum und Zeit zu transzendieren und dabei das Erlebte lenkend mitzugestalten bei gleichzeitig trainierter Erinnerungsfähigkeit. Vorzugsweise bei dieser bewußt erlebten Außerkörperlichkeit kann der klarträumende Schläfer prophetische und erinnerbare Einblicke in zukünftiges Geschehen gewinnen und auch analysieren.

Im Zuge des Aufbruchs zum Geistigen erlernen zunehmend mehr Menschen auch die Beherrschung verschiedenster Meditationstechniken. Als unbeabsichtigtes Nebenprodukt tauchen dabei immer häufiger auch spontane außerkörperliche Erfahrungen auf. Durch die völlige Entspannung des Körpers gelangt in der Regel das Bewußtsein hierbei in einen außerordentlich beseligten Zustand der Harmonie und Ruhe. Das Erlebnis bleibt meist autoskopisch (selbstbetrachtend), wenn aber der seltenere Fall des Transzendierens im Wachzustand eintritt, kann der Meditierende auch hier überraschende prophetische Einblicke in zukünftiges Geschehen erhalten. Der autoskopisch Entrückte schaut meist von der Zimmerdecke auf seinen entspannten Körper hinab und kann dabei auch leicht in groteske Situationen geraten. Von einer Frau erfuhr ich zum Beispiel, wie sie mitten in verwundert-beschaulicher Selbstbetrachtung des völlig gelösten Körpers ihren unerwartet heimkehrenden Ehemann die Wohnung betreten hörte und durch diesen unvorhergesehenen Umstand in Panik geriet. Ihr energischer Wille, wieder rasch in die Physis zurückzukehren, bevor ihr Gatte das Wohnzimmer betritt, machte ihr erst so recht bewußt, daß der Körper da unten für sich allein gar nichts tun kann. Die aufkommenden Ängste veranlaßten schließlich selbsttätig eine gerade noch ausreichend schnelle Rückkehr. - Keine Frage, daß in solch einer extremen Situation Sekunden zu langen Minuten der Qual werden.

Ganz allgemein ist in unseren Tagen eine beachtliche Zunahme und Verstärkung übersinnlicher Fähigkeiten zu beobachten, besonders auffällig bei jungen Menschen. Diese Entwicklung kann ich in meiner pädagogischen Arbeit mit Jugendlichen recht gut verfolgen. In spontan sich ergebenden Gesprächen erfahre ich von interessanten Varianten kindlicher Medialität, von präkognitiven Träumen, prophetischen Visionen und vielem mehr.

Zu den zeitspezifischen Merkmalen gegenwärtiger Prophetie zählen zweifellos auch feministisch etikettierte Zukunftsperspektiven mit Blick auf eine entpatriarchatisierte Gesellschaft ohne herkömmlichen Rollenstatus, frei von Geschlechterkampf und Frustrationen. Es liegt auf der Hand, daß hier die Frauen Pioniere sein müssen, deren Aufgabe darin bestehen wird, kraft ihrer weiblichen Intuition und einer endlich entkorrumpierten Liebefähigkeit das „starke" Geschlecht zu beschämen. Nur durch eine solche unfreiwillige Demutsübung wird die patriarchalische Hierarchie sich geläutert schließlich ihrer Auflösung hingeben. Proportional dazu, wie der Mann seine Selbstherrlichkeit ablegen wird, kann die Frau ihre ureigenste Liebefähigkeit wieder zurückgewinnen und der bisherige Herr der Welt wird staunend davon noch profitieren. Auch wenn es dem in der Sackgasse gefangenen Patriarchat schwerfallen dürfte, den großen Schritt vom Saulus zum Paulus zu tun, so werden doch die nach und nach fallenden Bastionen der Männerherrlichkeit den Stolz der patriarchalischen Kollektivseele erschüttern und schließlich brechen.

Auch in den theologischen Randgruppen, deren Aktivitäten beharrlich auf den noch unbeweglichen Kern einwirken, wird der Ruf nach Überwindung des institutionalisierten Patriarchats immer stärker. Mit der neuen Sicht von der Gottheit als Mann *und* Frau bewahrheiten sich gleichzeitig Aspekte der biblischen Prophetie. Es erweist sich nun zusehends als patriarchalisches Kalkül, daß die institutionelle Theologie bis heute die in der Bibel immer wiederkehrende Vision einer himmlisch strahlenden Frauengestalt als eine Verklärung der leiblichen Mutter Jesu interpretiert, statt darin das angekündigte Erscheinen der allumfassenden weiblichen Liebe Gottes zu erkennen. Die unausweichliche Anerkenntnis dieses Aspektes wird eines Tages bedeuten, daß die Kirchen die innere und äußere Struktur ihres patriarchalischen Gefüges aufzugeben bereit sein müssen. Wie alle anderen patriarchalischen Institutionen lebt auch die Amtskirche von der noch getreuen Gefolgschaft der Frauen. Das zeigt sich äußerlich ja schon im unbedeutenden Anteil männlicher Gottesdienstbesucher. Was wäre, wenn Frauen eines Sonntags nicht mehr zur Kirche gingen? Das Auftreten einer weiblichen Geistlichen, wie einer Pastorin, allein bewirkt noch nichts, solange diese alibifunktional eingebunden ist in das traditionelle System und solange sie nicht sagen darf, was sie als Vertreterin auch der Weiblichkeit Gottes ahnt, fühlt und weiß.

Das Erkennen und Erfahren der weiblichen Wesenshälfte der Gottheit und ihrer beglückenden Liebesstrahlung wird nach dem Wissen der Eingeweihten unserer Tage das Haupterfüllungskriterium endzeitlicher Prophetie sein. Die Zärtlichkeit und Kraft jener unvorstellbaren Liebesschwingungen wird nur diejenigen schmerzlich berühren, die den unwiderruflichen Hingang unseres materiellen Weltgefüges und dessen Scheinprosperität betrauern mögen. Glücklicherweise ist in der Welt kein Kraut gewachsen, den endgültigen Umschwung zum Geistigen und weiblich-bewahrenden Prinzip zu Fall zu bringen. Zu tief ist andererseits auch die chiliastische Heilserwartung im Unterbewußten einer jeden suchenden oder wenigstens unzufriedenen Seele verankert als latente Sehnsucht nach ihrem göttlichen Ursprung.

Alle Prophetie ist nur für den reinen Intellekt ein mystisches Phänomen. Die Fähigkeit des visionären Schauens ist auch ein Wesensspezifikum der weiblichen Wesenshälfte jeder Seele; hier liegt die Quelle, aus der wir schöpfen sollten.

Dennoch muß natürlich jede Art prophetischer Verkündung den Menschen aller Epochen noch genügend Freiraum lassen auch für weltkonforme Entscheidungen, da die Freiheit des Willens ein unumkehrbares geistiges Gesetz ist, welches hier wie drüben gültig ist. Gott könnte keinen Gefallen an stumm ergebenen Marionetten haben. Wie leicht hätte er Menschenseelen erschaffen können, die nur nach seinem Willen lebten. Hätten diese einer Prophetie bedurft?

Der Mensch unserer Zeitenwende ist nun reif genug geworden, um zu begreifen, daß Gott die *freiwillige* Rückkehr seiner verlorenen Söhne und Töchter ersehnt. Ja - die Gottheit hat Sehnsucht nach der Heimkehr *aller* Menschengeister. Der Weltenschöpfer bekennt in der Gegenwartsprophetie seine Sehnsucht und seine Liebebedürftigkeit vor den Menschen. Wann jemals war unsere eigene Liebefähigkeit so unerhört herausgefordert?

Für das biblische Volk Israel waren die alten Propheten Staatsanwälte, die in Vertretung eines unnahbaren Patriarchengottes die Höchststrafe für den Angeklagten forderten. Der heutige Mensch am Abgrund seiner Selbstherrlichkeit sollte dagegen wenigstens begreifen, daß er sich jene besagte Höchststrafe nun selbst verordnet hat. Und da in paradoxer Umkehr des biblischen Schöpfungswortes der Mensch sich seinen eigenen menschenbildlichen Gott geschaffen hat, erübrigt sich auch gleichzeitig die immer wieder auftauchende dümmliche Frage, warum Gott denn dies alles zulasse.

Die Zeichen der Zeit sollten uns wahrlich herausfordern ...

Allergie gegen die Zeichen der Zeit

Fast täglich werden unsere Mediziner von neuen Symptomen unbekannter Allergien überrumpelt und erkennen gleichzeitig mehr und mehr ihre zunehmende Ratlosigkeit über deren Ursachen und Behandlung. Die ganz konventionell denkenden unter den Ärzten sehen in diesem Phänomen unserer Zeit lediglich ein physiologisches Kreuzworträtsel, dessen Lösbarkeit fast ausschließlich von den fleißigen Anstrengungen der Pharmaindustrie abhängig ist. Hätte man jedoch den Mut, die Seele in die Physiologie der Organ- und Zellfunktionen auch nur gedachterweise zu integrieren, so wäre die Lösung des Rätsels bereits in greifbare Nähe gerückt.

Die Wahrheit ist nun einmal - wie sie es in allen Zeitläuften schon war - ketzerisch. Man stelle sich vor: Wohlgeratenes Vollkornbrot oder frische Milch beispielsweise sind nichts anderes als grobstofflich sicht- und greifbar gewordene positive Vibrationszustände, für deren Einverleibung die Seele dem Körper grünes Licht gibt, weil sie sich mit ihnen in Schwingungsharmonie befindet. Andererseits sind die Gifte, die der Industriemensch bedenkenlos aus der Erdrinde des Planeten extrahiert und dann auch noch in die mütterliche Nährschicht Wasser und Luft „entsorgt", negative Schwingungszustände, welche dem Harmoniebedürfnis zwischen Körper und Seele schmerzlich zuwiderlaufen. Die Folge sind die allergischen Reaktionen der Psyche, die dem Körper dann in der Regel ein sichtbares Krankheitssymptom einprägen als Alarmsignal für eine stattgefundene gefährliche Schwingungskonfrontation. Die erwähnten Gifte als negative Schwingungsfrequenzen sind nämlich nichts anderes als manifestierte destruktive Energiefelder, die aus dem göttlichen Evolutionsplan der Vergeistigung aller Materie ausbrechen wollen um den fragwürdigen Preis eines extrem narzißtischen Eigenlebens. So ist die umwandelnde Eingliederung eines natürlichen Lebensmittels in die physischen Funktionsabläufe ein Positivum, da sie sich ausschließlich unter den Aspekten Kooperation, Unterordnung, Eingliederung und Anpassung vollzieht im Gegensatz zu jenen Stoffen, die sich aus den selbstsüchtigen Eigenschaften des Nicht-kooperieren-wollens, des Nicht-unterordnen-wollens zu Giften von Seele und Körper manifestieren.

Diese Erkenntnisse, jetzt noch rein auf Esoterik und Pendelwissenschaft beschränkt, werden in wenigen Jahrzehnten bereits längst zum Grundwissen des schulischen Biologieunterrichts gehören. Die zukünftige Menschheit wird sich an den Kopf fassen bei dem Gedanken daran, daß derartige Grundwahrheiten in unseren Tagen buchstäblich bis zum letzten Atemzug verleugnet wurden.

Wenden wir uns nun wieder der allergiegeplagten Seele zu und vergessen dabei nicht, daß sie selbst aus einem Schwingungsgefüge gestaltet ist. Diese subtile Schwingungsstruktur kann auf alle feinstofflichen Vibrationszustände reagieren, gleichgültig, ob positiver oder negativer Natur. Was dabei die grobstoffliche Physis registriert, ist als äußeres Symptom lediglich eine Transformation des Geschehens. Positive Schwingungen bewirken im Körper eine erhöhte Harmonisierung der physiologischen Abläufe und haben zusätzlich eine entgiftende und belebende Wirkung. Völlig anders verhält es sich mit den negativen Schwingungen. Sie brandmarken den Körper mit unangenehmen äußeren Reaktionssymptomen bis hin zu unheilbaren Krankheiten. Ein apokalyptisches Geschehen im Körper ist in diesem Sinn die als Krebs bezeichnete Zellwucherung, bei der sich die Seele partiell aus dem befallenen Körperteil zurückzieht, da der harmonische Minimalkonsens zwischen Körper und Seele zusammengebrochen ist.

Eine befristete Vertreibung der Seele aus ihrem Gehäuse veranschaulicht die medizinische Vollnarkose. Die narkotisierenden Substanzen dringen mit ihren überaus feinen Schwingungsteilchen bis in den feinstofflichen Seelenleib ein und verursachen dort durch die Disharmonie ihrer Schwingungsfrequenz eine Vibrationskonfrontation. Auf Grund dieser Tatsache zieht sich die geschockte Seele, gewissermaßen erschauernd, in einer allergischen Reaktion aus dem Körper zurück, wodurch dieser vorübergehend der Gefühllosigkeit anheimfällt. Ähnlich geschockt reagieren die Geschmacksnerven eines Ahnungslosen, dem wir in frivoler Absicht ein Likörglas reinen Zitronensaftes verabreichen. Noch ein anderes handfestes Beispiel aus dem Alltag verdeutlicht die Überrumpelbarkeit der Verknüpfung Seele-Körper: Wenn man beim eiligen Ersteigen einer Treppe, oben angekommen, den Fuß für eine weitere Stufe anhebt in der Meinung, da sei noch eine Stufe, so hat man plötzlich das Gefühl, mit dem betreffenden Bein wie in einem Sumpf zu versinken. Das rührt daher, daß der Astralfuß für einen kurzen Moment die erwartete Stufe als materiell real „halluziniert“ und sich dabei, gewissermaßen freischwebend, kurzfristig vom physischen Fuß trennt. Auch Sportler berichten mitunter von solch kuriosen Dingen.

Eine Gewalttat erster Ordnung gegen Seele und Körper ist die Unart, mit Groll und Zorn über irgendeine Person oder Sache sich an den Verzehr einer Mahlzeit zu machen. Durch die negativen Gemütsaufwallungen gerät die Seele dabei in eine niedrigere Schwingungsfrequenz und gestattet dadurch den ebenfalls niedrigen Schwingungen der Nahrungsgifte ungebremsten und ungefilterten Zugang zu den Körperzellen. Die auf dem Fuß folgenden und deutlich fühlbaren Konsequenzen sind nichts anderes als latente allergische Reaktionen, die bei einer permanenten Situation des Betroffenen (Dauerärger mit dem Ehepartner oder im beruflichen Umkreis z.B.) häufig zu ernsthaften Erkrankungen führen. Da hilft dann weder Leberarznei noch Tischgebet, es sei denn, man legt vor dem Essen wohlweislich eine selbstkritische Besinnungspause ein.

Diesbezügliche Offenbarungen verheißen bereits im Neuen Testament all denen, die völlig in der Harmonie der göttlichen Liebe und Wahrheit leben, erfolgreiche Resistenz gegen Schlangenbisse und sonstige Gifte aller Art. Das ist absolut wörtlich zu verstehen. Weshalb wohl haben sich sowjetische Fachmediziner bis zur Sprachlosigkeit darüber gewundert, daß manche Tschernobylbetroffene nahe am Ort des apokalyptischen Geschehens keine nennenswerte Strahlung in den Körper aufgenommen hatten, während einigen Menschen in vielen hundert Kilometer Entfernung neben anderen starken Verseuchungsmerkmalen die Haare ausfielen?! Die daraus gezogenen Schlußfolgerungen klingen für orthodoxe Mediziner, zumal dem Ostblock zugehörig, sehr überraschend: Es gebe, wie man weitgehend übereinstimmend feststellte, keine andere Erklärung für das Phänomen, als daß Menschen mit überaus positivem Wesen und Gemüt eine rätselhaft strahlenabweisende Kraft besäßen, also gewissermaßen einen hochaktiven geistig-seelischen Erbfaktor unbekannter Herkunft.

Um konkreter zu werden, geben wir dieser Hochaktivität als unerkannter und unterbewußter Gottessehnsucht den Namen Liebe. Sie allein ist die Kraft mit der höchst denkbaren Schwingungsfrequenz überhaupt; in ihrer größten Vollkommenheit ist sie undurchlässig für alle niedrigeren Vibrationen. Auch radioaktive Strahlungen gehören dazu.

Liebe kann dementsprechend nicht irgendeine Eigenschaft sein. Sie ist als Energie ein Zustand, eine geistige Urschwingung, sogar jenseits von dem, was wir gewöhnlich Tugend nennen. Goethe fragt in einem Gedicht: „Was geht's Dich an, wenn ich Dich liebe?" Göttliche Liebe kann sich wie blind und grausam manifestieren, wenn sie uns über Leiden und Schmerzen um den Preis eines überwältigenden Zieles (die Vergeistigung des inneren Menschen) heimsucht. Mir fällt dabei das Grasbüschel ein, welches beharrlich trotz seiner Verletzlichkeit die Teerdecke durchstößt und wundersam unbeschadet mit dem Licht der Sonne belohnt wird.

Viele literarische Endzeitprognosen haben als Bestseller inzwischen den Buchmarkt erobert. Die meisten darunter sind leider nur wortreiche Alarmmeldungen über die äußere Vergiftung unserer Lebensgrundlagen. Dennoch lesen die Menschen begierig, fasziniert durch den Ruf des Autors und seine äußere Sachkenntnis, bleiben am Ende aber dennoch ratlos durch die nicht stattgefundene Aufklärung über die allem zugrundeliegende innere Umweltverschmutzung der menschlichen Seele, die jeder einzelne in sich selbst erkennen und bekämpfen muß.

Die drei bereits biblisch angekündigten endzeitlichen Katastrophenjahre für die Menschheit liegen nach dem Wissen der Eingeweihten zwischen 1989 und 1992. Sie kennzeichnen im Angesicht elementarer Naturkatastrophen und seuchenartiger Allergien den unwiderruflichen Zusammenbruch der auf Profit und Machtmißbrauch gegründeten wirtschaftlichen und politischen Systeme. Jetzt, im Vorfeld dieser umwälzenden Ereignisse ist es nach dem bekannten biblischen Ratschlag längst an der Zeit, Öl in die Lampen zu füllen, damit wir am Tage X nicht wie die törichten Jungfrauen im Dunkel der Trägheit und der Unkenntnis um Barmherzigkeit winseln müssen.

Die herkömmliche Endzeitliteratur der letzten Jahre, welche die Prophetie der Bibel, der Neuoffenbarung und der Gegenwart beharrlich ausklammert, macht aus einem ängstlichen Zeitgenossen einen gar hoffnungslosen. Ein solchermaßen resignierender oder verzweifelter Mensch unternimmt keine positiven Anstrengungen mehr, weder was das liebevollere Verhältnis zum Mitmenschen, noch die Verbesserung des eigenen geistigen Standortes betrifft. Er gleicht einem Delinquenten in der Todeszelle, dem auch noch die Ideale seines Märtyrertodes abhanden gekommen sind und der das letzte Gespräch mit dem Pfarrer ausschlägt, weil er nicht mal mehr genügend Energien hat, provozierende Fragen zu formulieren.

Ist die Endzeiterwartung der Menschheit von solch dumpfer Verzweiflung gezeichnet, so teilen sich die damit zwangsläufig verknüpften niederen Schwingungsfrequenzen dem geistig-atmosphärischen Umfeld der Erde mit und verbinden sich dabei, einem unabänderlichen metaphysischen Gesetz folgend, mit den negativen Energiefeldern düsterer Mächte. Wenn wir dagegen den geistigen Schaltplan der Prophetie schlechthin erkannt haben, so wissen wir auch, daß sich manches Unheil durch unser verändertes Verhalten abwenden lassen kann. Das klassische biblische Beispiel darüber lehrt uns der Prophet Jonas, der schließlich mit Gott haderte, weil einige seiner inspirierten Prophetien nicht eingetroffen waren. Er mußte sich danach darüber belehren lassen, daß einige der angesagten Strafgerichte durch einen positiven freien Willensentscheid der Menschen zwangsläufig entfallen mußten. Mir fällt dabei ein zeitgenössischer Physiker ein, der dieses Phänomen der Prophetie in seinem Buch mathematisch zu analysieren versucht und in Anerkenntnis der geistigen Gesetzlichkeiten den interessanten Terminus „Futuralpotenz" prägt. Er untermauert in seiner typisch wissenschaftlichen Darstellungsweise die Seriosität der Prophetie überhaupt und sieht dabei die potentiellen Zukunftsabläufe in viele Möglichkeitsäste („Futuralpotenzen") eines Baumes verzweigt, wobei der letztendliche Verlauf vom freien Willensentscheid des Einzelnen, einer Gruppe oder eines ganzen Volkes abhängt.

Welche Aufgabe war und ist undankbarer als die eines Propheten? Unter der Duldung ihrer Geistlichkeit nahm sich das israelitische Volk das ungeschriebene Recht heraus, einen Propheten zu steinigen, wenn nicht alle seiner Voraussagen (zumal die wohlwollenden) eingetroffen waren. Dies ist gleichzeitig einer der zahlreichen Beweise dafür, daß das auserwählte Volk der Bibel seinem archaisch-fatalistischen Denken gemäß noch zu unreif war, die geistigen Gesetze auch nur annähernd zu durchschauen. Es lebte zwischen liebearmer Gottesfurcht und exzessiver Weltliebe vom Kredit göttlicher Vorschußlorbeeren, wurde unter einem selbstsüchtigen Klerus immer träger und verschlief erwartungsgemäß die Ankunft des vielfach prophezeiten Gottesgeistes im Messias. Mir drängt sich dabei eine zeitgemäße Metapher als Vergleich auf: Eine Gruppe festlich gekleideter und frohgestimmter Menschen erwarten auf einem Bahnsteig harrend die Ankunft einer hochgestellten Persönlichkeit, die ihnen Glück und Wohlstand bringen soll. Alles ist vorbereitet: Roter Teppich, Posaunenchor, Begrüßungsrede. Alle haben ein festgefügtes Bild der erwarteten Persönlichkeit in sich und erwarten in fiebernder Ungeduld die Ankunft eines vornehmen Sonderzuges. Währenddessen ist niemandem aufgefallen, daß bereits im Rücken der erwartungsfrohen Menge ein verstaubter Vorortzug auf dem Nachbargleis eingefahren ist. Dort steht nun ein unscheinbarer Mann im Gedränge der Aussteigenden und blickt verlegen auf die festlichen Rückseiten der Menschen vor sich. - Dieses Bild sollte nicht als überholt betrachtet werden. Wir sind gegenwärtig in einer peinlich ähnlichen Lage: Mit äußeren Wachstumsversprechungen, technischen Wunderprojekten, militärischen Sicherheitsstrategien und ideologischen Heilsversprechungen will man uns wieder auf die falsche Seite des Bahnsteigs locken, obwohl die Morgenröte des neuen Tages auf der anderen Seite unleugbar heraufzieht. Ich will später auf diese besonderen Anzeichen noch zu sprechen kommen.

Vorerst zurück zu unseren Propheten. Sie mögen in ihrer äußeren Irrtumsfähigkeit ruhig weiterhin als „nützliche Idioten" dem Unglauben der Welt dienen. Der Psychoanalytiker Erich Fromm kommt zu der zweifellos richtigen Schlußfolgerung, daß die Nichtbeachtung aller Prophetie durch die Menschheitsepochen bis heute ein verhängnisvoller Fehler war und dem zur Schau gestellten Anspruch der Kulturvölker auf wirkliche Religiosität nicht gerecht wird.

Die prophetische Trefferquote von etwa 50 bis 75 Prozent ist ein Kriterium der menschlichen Willens- und Entscheidungsfreiheit. Würden Sie selbst den Wetteinsatz für ein Gewinnsystem mit einer solch hohen Erfolgsquote scheuen? Warum sollten wir uns um der Chance eines geistigen Gewinnes willen anders verhalten? Auch Nostradamus litt unter dem Jonas-Syndrom. Viele seiner schrecklichen Voraussagen sind nichtsdestoweniger bis ins Detail eingetroffen, andere sind an uns gnädig vorübergegangen. Der Prophet ahnte eine mögliche Fehlerquote seiner Visionen und Bilder, auch was die Interpretation betrifft, kündigte aber für das Ende der Zeiten seine völlige Rehabilitierung an. Sicher war sein Geist eingeweiht in die Tatsache, daß der Erdenbürger in seiner gottgewollten Entscheidungsfreiheit sein eigener Zukunftsarchitekt ist.

Wie soll und kann der Gegenwartsmensch als göttlicherseits eingeplanter Mitvollstrecker der Zeitenwende aller Zeitenwenden schließlich seiner prophetisch verkündeten Aufgabe gerecht werden? Doch nur allein durch die Weckung und demütige Bewußtbarmachung des Gottesgeistes in seiner Seele. Demut ist hier tatsächlich *der* Schlüssel zur Überwindung des weltsüchtigen Egos. Im Alltag bekommen wir gratis ständig ein reiches Angebot, freiwillig Demut und Selbsterkenntnis zu üben. Wir übersehen diese Chancen jedoch leider immer wieder. Betrachten wir die Sache am Beispiel folgenden Falles aufmerksam, so schärfen wir unseren Blick auch für tausend andere Gelegenheiten, mit der inneren eigenen Umweltverschmutzung Schritt für Schritt Schluß zu machen: Ich stehe in einer langen Käuferschlange einer Supermarktkasse. Die Kundenabfertigung kommt kaum noch voran und allmählich macht sich unzufriedenes Gemurmel breit über die übermüdete Kassiererin, die vermeintlich grundlos viel zu langsam arbeitet. Keinem von uns kommt die doch so naheliegende Idee, sich in ihre gestresste Lage zu versetzen. Ich spüre den Unmut wachsen und wie eine Wolke über den Köpfen schwellen. Schließlich lasse ich mich an einem Punkt unversehens von den niedrigen Schwingungen der sich breit machenden Stimmung mitherabziehen. Eine unüberlegte beipflichtende Bemerkung als Tadel für die überforderte junge Frau an der Kasse entschlüpft meinen Lippen. Nicht rückholbare Worte, die sich selbständig machen wie ein Schwarm aufgescheuchter Vögel. Ich höre mich sprechen, als redete ein anderer und merke enttäuscht, daß ich wieder einmal versagt habe. Anstatt den viel unbequemeren Weg des sanften Widerspruchs zu wählen, ließ ich mich in den Strudel selbstsüchtiger Regungen hineinziehen. Schon über eine schweigende Brücke verständnisvoller und liebevoller Gedanken hätte ich die erschöpfte Angestellte vom schwülen Druck der allgemeinen Unzufriedenheit befreien und den negativen Schwingungszustand weitgehend auflösen („zerlieben") können.

Der Alltag allein bietet, wie bereits veranschaulicht, die naheliegendste und praktikabelste Plattform, Verständnis, Demut und Liebe zu lernen, gleichgültig ob in der Familie, im Beruf oder in der spontanen Begegnung mit dem Mitmenschen. Jeder Einzelne kann auf diese Weise den Prozeß der Vergeistigung einleiten. Es ist dies gleichzeitig nichts geringeres als die Nachfolge Christi, die jetzt im wachsenden Maße erst dadurch nachvollziehbar wird, weil sich das, was Jesus vor rund 2000 Jahren in seiner Mission lehrte, nun erst mutig aus den Mauern der Kirchen zu befreien beginnt. Franz Alt hat es in einem eindrucksvollen Interview des Schweizer Fernsehens auf seine Weise gut formuliert, als er sagte, daß alle Tätigkeiten des inneren Christenmenschen zum Gebet werden können: Der Beruf, das Gespräch mit dem Nächsten, die alltäglichen Pflichten usw. Wo solchermaßen bemühte Menschen auftauchen, werden sie eine geistige Leuchtspur hinterlassen, welche die Herzen verändern kann und auch die Bedingungen festlegt, unter denen wir in die Durchgangsphase zum neuen Zeitalter eintreten. Nach dem Wissen der Eingeweihten reicht bereits eine kleine Schar geistig geweckter Menschen aus, um das Schicksal eines ganzen Landes aus dem Schatten düsterer Prophetie zu befreien, mindestens aber, Folgenschweres abzuschwächen.

Es genügt also nicht allein, Rettungsstrategien für den gequälten Planeten zu entwerfen und parteiideologische Formationen zu bilden, ohne zuvor den inneren Menschen erneuert zu haben. Ich selbst mußte diesbezüglich eine bittere Erfahrung machen, indem ich zwangsläufig mit Leuten zu tun bekam, welche einerseits mit der akribischen Sorgfalt eines Bilanzbuchhalters Meisen, Finken und Zaunkönige zählen sowie Hecken inspizieren, aber andererseits kompromiß- und einsichtslos den Ruin ihrer Mitmenschen in Kauf zu nehmen bereit sind.

Der Titel „Allergie gegen die Zeichen der Zeit" ist diesem Kapitel vor allem im Hinblick auf die beginnende Erfüllung der endzeitlichen Prophetie verliehen worden. Worum es mir nun im folgenden geht, ist die Darstellung der allergischen Schockreaktionen der vermaterialisierten Weltseele gegen die immer deutlicher werdenden Anzeichen selbstzerstörerischer Tendenzen unserer gegenwärtigen materialistischen Gesellschaftsordnung. Das allergische Aufbäumen der verweltlichten Seele gegen das verborgene Wissen ihres göttlichen Geistes kommt auf groteske Weise in der unfaßbaren Ignoranz zum Ausdruck, welche den immer eindringlicher werdenden Zeichen der Zeit entgegengebracht wird. Der Industriemensch hat sich im Verlauf der letzten Jahrzehnte immer mehr zum weitgehend manipulierbaren und abhängigen Konsumenten erniedrigen lassen, der sich in eine zuvor nie erahnbare Schizophrenie begeben hat um den leichtfertigen Preis eines Wohlstandes, der kein einziges standfestes Bein mehr hat: Obwohl wir wissen, daß das Waldsterben als eine der vielen selbstverschuldeten apokalyptischen Tragödien keine bloß vorübergehende Laune der Natur ist, verdrängen wir diesen und ähnliche Gedanken und wollen schließlich von alledem nichts mehr hören. Auch sagen uns Experten die bevorstehende Ungenießbarkeit des Trinkwassers voraus, wir aber desungeachtet schließen trotzig langjährige Bausparverträge und Lebensversicherungen ab. Die Abläufe im Wettergeschehen entziehen sich zunehmend dem Überblick der Meteorologen und orientieren sich durchaus nicht mehr an Längen- und Breitengraden allein. Es häufen sich Katastrophenmeldungen auf allen Ebenen. Giftalarme sind alltäglich geworden. Energie und Zielrichtung sämtlicher auf uns zusteuernder Ereignisse kommen in ihrer gebündelten Wirkung einem Riesenmeteoriten gleich, der auf unseren Planeten zurast. Würden wir auch dann noch seelenruhig den nächsten Karibikurlaub planen? Hat uns nicht die Schizophrenie unseres allergischen Weltegos bereits voll erfaßt?

Die Beruhigung der Bevölkerung wird einstweilen noch mit Grenzwertverordnungen geregelt. Die Orwellstaatplaner haben nach 1984 bestimmt nicht aufgegeben. Im Gegenteil. Längst wird unsere Allergiebelastbarkeit empirisch getestet. Man hofft kühl auf Resistenz auf sämtlichen Ebenen. Hatten es die Insekten nicht auch eines Tages geschafft?

Der Zwiespalt des Menschen zwischen den Gegenkräften von Gottesgeist und Weltseele wird im 1. Teil von Goethes Faust vorzüglich dargestellt (Faust, Wagner antwortend):

„Du bist Dir nur des einen Triebs bewußt,
O lerne nie den andern kennen!
Zwei Seelen wohnen, ach! in meiner Brust,
Die eine will sich von der andern trennen;
Die eine hält, in derber Liebeslust,
Sich an die Welt mit klammernden Organen;
Die andre hebt gewaltsam sich vom Dust
Zu den Gefilden hoher Ahnen.
O gibt es Geister in der Luft,
Die zwischen Erd' und Himmel herrschend weben,
So steiget nieder aus dem goldnen Duft,
Und führt mich weg, zu neuem, buntem Leben!"

Die Zeichen der Zeit sollen diesen Zwiespalt verschärfen, um eine endgültige Klärung in der Menschenseele zu bewirken. Auch Rauschgiftsucht, Seuchen wie Aids, militante Demonstrationen und vieles mehr sind letztendlich allergische Reaktionen gegen die Zeitzeichen. Sie alle sind unglückliche Artikulationen verborgener und fehlgeleiteter Sehnsüchte und haben schließlich eine gewissermaßen katalysierende Aufgabe. Neben der Umwandlung und Verfeinstofflichung unserer Welt („Ich mache alles neu") verkünden außer den sogar noch präziseren neuzeitlichen Offenbarungen bereits die biblischen Aussagen nichts weniger als die erneute Wiederkunft Christi für unsere Zeit. Diese ist in den Neuoffenbarungsschriften des 19. Jahrhunderts in der Person eines unscheinbaren und von der Welt nicht beachtet werdenden Mannes angesagt worden, der sein Wirken nach dem Wissen seiner Anhänger inzwischen bereits begonnen hat. Es ist zu erwarten, daß sogar die christlichen Kirchen, obwohl ihnen die alten Prophetien bekannt und die neueren nicht unverschlossen sind, wieder mit den Weltsüchtlingen auf der falschen Bahnsteigseite stehen und den unscheinbaren Ankömmling im Rücken ebenfalls nicht zur Kenntnis nehmen werden. Sogar dies ist nämlich vorausgesagt, und damit wiederholt sich leider das pharisäerische Naserümpfen von vor rund 2000 Jahren über den in ihren Augen nazaräischen Anmaßling.

REINKAR-NATION

An dieser Stelle soll etwas über die Reinkarnation und die verwirrende Meinungsvielfalt darüber gesagt werden. Nie zuvor war die Irritation darüber größer. Der Grund hierfür ist, daß man in der westlichen Welt die Wiederverkörperungslehre Indiens und den Begriff Karma in christliches Grundwissen zwangsintegrieren möchte, wofür viele Prominente, durch angebliche Rückerinnerungen an frühere Leben angespornt, sich als Kronzeugen betätigen. Die Neuoffenbarungsschriften bieten über dieses Phänomen eine schlichte aber einleuchtende Erklärung an: Die Seele eines geistesverwandten Verstorbenen sucht hin und wieder eine symbiotische Verbindung mit der Psyche eines noch irdisch Lebenden (offensichtlich vorzugsweise Prominente) und läßt in diesen zeitweise sein eigenes Bewußtsein samt Erinnerungsvermögen einfließen. Auch Goethe beschreibt in „Dichtung und Wahrheit" eine derartige Bewußtseinsüberfremdung durch gelegentliche Erinnerungsrückblenden.

Gibt es also gar keine Wiederverkörperung? Doch, es gibt sie. Bereits die biblischen Schriften lassen dies ahnen und am Beispiel Johannes des Täufers, der als der einstige Prophet Elias ausgewiesen wird, sollte diese Tatsache für den Glaubenden als unumstößlich gelten. Auch wissen die Eingeweihten, daß der Christusgeist sich in Jesus nicht zum ersten mal offenbarte. Und heute, wird uns gesagt, leeren sich die Himmel. Durch einen *freiwilligen* Akt der Wiederverkörperung sind viele alte Geister als die „Arbeiter im Weinberg" auf den Erdenplan zurückgekehrt, um an der Schwelle des neuen Zeitalters zu helfen, die Ernte heimzubringen als Wegweiser und Geburtshelfer. Und die Welt spürt es auch: Es ist etwas in sie getreten, was der vermaterialisierten Seele des Weltmenschen ein rätselhaft schmerzliches Unbehagen bereitet. Überall nämlich in der Welt, besonders im deutschsprachigen Bereich Europas, haben sich im zeitlichen Vorfeld der göttlichen Wiederkunft kleine Gruppen gebildet im Sinne der frühchristlichen Urgemeinden. Sie geben sich nicht als Institutionen, bilden weder einen Verein noch eine Sekte und wirken alle im verborgenen. Es sind stille Gemeinschaften, in denen konkret und alltagsnah Liebe, Demut und Verständnis geübt und gelebt werden nach dem Motto „Rede von deinem Glauben nur, wenn du gefragt wirst, lebe aber so, daß du gefragt wirst!" Nicht wenige Menschen sind darunter, welche das Wort Gottes als innere Stimme in sich vernehmen. Dennoch fühlen sie sich vor dem Ewigen als Sünder und Schwächlinge, wie wir alle es sind. Aber sie werden geführt und sollen lernen zu führen. Niemals würden sie um Anhänger werben, im Fernsehen auftreten oder Zusammenkünfte plakatieren.

Unter uns sind viele Vergeßliche, die ebenfalls freiwillig auf die Erde zurückgekehrt waren. Im Überschwang ihrer Liebe zum Geist der Liebe hatten sie sich dazu entschlossen, aber zum großen Teil ihre Aufgabe völlig vergessen. Wäre diese Tatsache weniger bitter, könnte man sie beinahe schon als tragikomisch empfinden: Wir handeln wie jemand, der vor einer hochachtbaren Persönlichkeit sich einen überaus wichtigen Auftrag erbeten und freudig angenommen hat. Unterwegs nimmt sich aber dieser Beauftragte übermäßig viel Zeit und vergißt Schritt für Schritt den großen Zweck seiner Mission. Er trinkt da ein Bierchen an der Ecke, besucht dort ein Straßencafé, macht einen geruhsamen Kaufhausbummel und verlabert mit Freunden und Bekannten, die er trifft, seine Zeit. Hin und wieder sagt er sich zwar nachdenkend „da war doch noch etwas" - aber die Welt hat Rauchbomben in sein tieferes Erinnerungsvermögen geworfen, und die Signale des Lichtes sind kaum mehr erkennbar.

Alles, was uns an extremen Erscheinungen im Wettergeschehen, in der Erdkruste, im politischen Bereich und auf vielen anderen Ebenen begegnet und in den kommenden Jahren noch verstärkt begegnen wird, ist eine allergische Reaktion (auch des lebendigen Organismus, der Erde!) auf das menschheitsverschuldete Absterben der alten Schöpfung und der alten Ordnung. Dieser Prozeß des Absterbens wurde und wird von den Nutznießern des auf Profit gegründeten Systems zwar künstlich verlängert, aber die Möglichkeiten der zu diesem Zweck errichteten Intensivstation zur Rettung des Patienten erschöpfen sich zusehens. Der Verdrängungsmechanismus der Menschen zudem wird letztlich doch nur bis zu einem gewissen Punkt funktionieren können. Spätestens beim Eintreten der großen Umwälzungen gegen Ende der achtziger Jahre dieses Jahrhunderts werden die geistig völlig Unvorbereiteten ihr Damaskus-Erlebnis haben. Viele werden dem Labyrinth der Verzweiflung kaum mehr entrinnen können und die eingetretene Wirklichkeit lieber als einen bösen Traum erleben wollen. Dennoch: Wir können das offensichtlich Unabänderliche, wie gesagt, durch ernsten Willen und Einsicht in die Erneuerungsnotwendigkeit der Schöpfung noch modulieren und abschwächen.

Viele von uns haben Träume, Visionen. Im Schlaf werden wir liebevoll durch Schutzgeister und spirituelle Helfer belehrt. Wir erhalten Ratschläge, sehen Zukunftsbilder durch Vermittlung der Seele mit dem Gottesgeist in uns. Da sich die Bilder aus dem unterbewußten Wissen unseres Geistes transformieren, sind sie häufig abstrakter Natur und verlangen danach, „übersetzt" zu werden. Aber wir können lernen, sie zu begreifen und erhalten dann auch zwangsläufig eine gute Handhabe, die kommenden Ereignisse mit mehr Zuversicht und geistiger Überlebensenergie zu meistern.

Die Seele als mediale Botschafterin ihres göttlichen Geistes

In frappierender Weise mehren sich in den letzten zwei Jahrzehnten Erfahrungsberichte über außerkörperliche Erlebnisse (AKE). Obwohl sich das Phänomen dem Leser als ein beispiellos faszinierendes Abenteuer des metaphysischen Erlebens darstellt, fühlen sich desungeachtet manche Esoterik-Verlage bereits überfordert. Welches Thema kann aufregender sein als dieses, auf welchem Gebiet gab es jemals eine solch auffällige Häufung von Berichten? Nach den sensationell anmutenden Kundgaben über ASW aller Art, Ufos, New Age-Bewegung, Geistheilung, Naturgeisterkontakten, Pendeln, Jenseitskommunikation usw. auch noch das: Die Seele verläßt im Astralkörper den schlafenden Erdenleib und betritt, Raum und Zeit kühn ignorierend, Dimensionen, die ihr aufgrund ihrer Körpergebundenheit offensichtlich doch noch gar nicht zustehen. Dennoch: Gerade durch diesen phänomenalen Akt offenbart die Seele die Fähigkeit einer aktiven Mittlerschaft zwischen den Sinnen des Geistes und denen des körperhaften Seins. Die letzteren können mittels der astralwandelnden Seele transformierte Botschaften des göttlich vererbten Menschengeistes empfangen, die durch ihre metaphorische Umwandlung aus dem oftmals Abstrakten in faßbare Bilder dem alltagsprogrammierten Gedächtnis einverleibbar werden.

Eine solche Astralprojektion des Schlafenden kann man als transzendente Exkursion bezeichnen; bei dieser gerät die Seele im intensiven Dialog mit ihrem Geist in feinere Schwingungen, wobei gleichzeitig dem geistigen Auge die beim Mentalaustritt angetroffene materielle Umgebung (Schlafzimmermobiliar und sonstiges Interieur) gewöhnlich wie im Dunst sich auflösend rasch verschwindet. Genauer gesagt, sehen die Augen des Geistes nun den wahren Zustand der Materie: Sie repräsentiert sich gewissermaßen als eine lose Hohlraumstruktur, tatsächlich bloß aus einem relativ niedrigen Schwingungszustand bestehend, der nur dem materiellen Auge als feste Masse vorgegaukelt wird, da das körperliche Sehorgan wie der ganze physische Organismus der gleichen Schwingungsfrequenz angehören.

Trotz dieses geistigen Gesetzes muß sich der transzendierende Astralwanderer jederzeit auf visuelle und audiovisuelle Überraschungen gefaßt machen. Vieles begegnet ihm, was er durchaus nicht erwartet hatte und manches erwartet er, was ihm niemals begegnen wird. Der Grund ist wohl darin zu sehen, daß auch ein geistig fortgeschrittener Astralwanderer, immer noch durch einen feinstofflichen Nervenstrang („Silberschnur") mit dem Körper verbunden, ungeachtet seiner Fähigkeiten auch weiterhin mehr ein Bürger der grobstofflichen Welt als ein solcher des Geistes bleibt. Während der Dauer ihrer irdischen Lebensphase kann sich die Seele beim besten Willen - schon wegen ihrer starken grobkörperlichen Bindekräfte - kaum von der Erwartungshaltung ihres niederen Egos und seiner festgeprägten Bilder und Vorbilder befreien. So gerät sie auf geistigen Ebenen oftmals unvermittelt auch in Situationen, die der Komik wahrlich nicht entbehren. Beispiele dieser Art finden sich in individueller Vielfalt, trotz des frappierend übereinstimmenden Musters, in der gesamten außerkörperlichen Erlebnisliteratur der letzten 20 bis 30 Jahre.

In ähnlicher Weise ablaufend, wie der Fluggast den Start und das Abheben eines Flugzeuges erlebt, so erfährt auch der Astralwanderer vor dem Abheben des Zweitkörpers häufig eine energiebündelnde, vibrationsgeladene Anlaufphase. Die Vibrationen des mentalen Körpers werden dabei als solche wohl deshalb empfunden, weil beim beginnenden Ablösevorgang die schnelleren Schwingungen des Astralkörpers gegenüber den viel langsameren der Physis in eine gewissermaßen polyrhythmische Konfrontation geraten. Die Frage, welche Umstände den Zweitkörper überhaupt veranlassen, wie ein „Freigänger" sein physisches Gefängnis per Urlaub auf Zeit zu verlassen, kann nur mutmaßend beantwortet werden: Im Ruhezustand des Körpers nutzt wohl die Seele den dadurch bedingten Energieüberschuß, um den Körper vorübergehend verlassen und sich dafür mehr mit ihrem Geist verbinden zu können, soweit die Bindekräfte an das niedere Ego dies gestatten. Der ausschlaggebende Impuls für diesen Vorgang ist zweifellos die unterbewußte Sehnsucht der geistangehauchten Seele nach den ihr adäquaten Feinstoffbereichen, was sich sogar mitten im Alltag zuweilen als schmerzlich aufwallendes und rätselhaftes Heimweh bemerkbar machen kann.

Im Gegensatz zur transzendenten Exkursion der Seele, bei der das Betreten astraler Ebenen unwissenderweise oft als ein lediglich phantastisches Traumgeschehen akzeptiert wird, gibt die autoskopische Exkursion dem angehenden Astralwanderer nicht selten unlösbar erscheinende Rätsel auf: Er registriert sich nach dem Verlassen der Physis häufig im Bett liegend und gleichzeitig selbst betrachtend, was besonders beim ersten Mal eine heillose Verwirrung auslösen kann. Da fühlt man sich ratlos wie an der eigenen Totenbahre stehend, verwundert auf die sich im Atmen hebende und senkende Brust starrend. Und attraktiv findet sich dabei wohl kaum einer bei dieser Art Selbstbeschauung, wenn bei schlaff herabhängendem Unterkiefer der Mund halb geöffnet ist, als hätte man gerade eben noch seinen letzten Willen flüsternd kundgetan.

Der Begriff „autoskopische Exkursion" beinhaltet natürlich mehr als nur die Möglichkeit, vom Zweitkörper aus den in der Astralstarre ruhenden eigenen grobstofflichen Körper beobachten zu können; miteingeschlossen in den Beobachtungsbereich ist dabei selbstverständlich das gewohnte alltägliche Lebensumfeld des Astralwanderers. Dieser wird aber in seinem vertrauten Lebensumfeld vor allem im Anfangsstadium seiner Erfahrungen unweigerlich auf Schritt und Tritt von einer Überraschung in die andere stolpern: Lichtschalter, die er im Astralkörper betätigt, bewirken *keinen* eintretenden Beleuchtungseffekt. Speiseregale zeigen dem Staunenden auch Lebensmittel, die längst schon gegessen, und Getränke, die längst schon getrunken worden sind. Andererseits wiederum ist der Astralwandelnde überrascht, wenn er im außerkörperlichen Zustand z.B. klavierspielend sich dann tatsächlich auch hören kann. An einem solchen Punkt resignieren viele Exkursionisten, indem sie überall scheinbare Widersprüche mutmaßend, das ganze als ein absurdes Traumerlebnis abhaken. Damit verpatzen sie sich oft auf Dauer eines der schönsten geistigen Abenteuer, dessen die Seele bereits schon im Diesseits fähig ist.

Was aber sind die Ursachen dieser scheinbar so unauflöslichen Widersprüche? Zunächst gilt es festzustellen, daß mit den geistigen Augen der via Astralkörper sehenden Seele die materiellen Gegenstände nicht so betrachtet und erlebt werden können, wie sie sich in ihrem Raum-Zeit-Eingebundensein dem *physischen* Auge darbieten. Was hier das geistige Sehorgan wirklich sieht, sind die astralen Abdrücke der materiellen Objekte, die durch einen psychometrischen Vorgang im Atmosphärischen entstehen. Solche Astralabdrücke bleiben auch dann noch lokalisiert, wenn der betreffende Gegenstand aus seinem Dasein getreten ist oder seinen Standort verändert hat (sogar Zukünftiges kann als prophetische „Futuralpotenz" in Erscheinung treten). Dies erklärt wohl hinreichend auch den zum Beispiel nicht funktionierenden Lichtschalter, das Erscheinen bereits verspeister Lebensmittel und dergleichen. Was den Standortwechsel der Gegenstände betrifft, hatte ich dies selbst im nächtlichen außerkörperlichen Zustand erstmals als etwa Neunzehnjähriger erfahren, indem ich mein astrales Klavier prompt an verschiedenen Wandseiten meines Zimmers vorfinden konnte, also auch da, wo es schon vorher einmal wirklich gestanden hatte. Beim Bewegen der astralen Klaviertasten hörte ich mich sogar wie alltagsgewohnt spielen. Dieser scheinbare Widerspruch zum nichtfunktionierenden Lichtschalter ist wohl unschwer aufzuklären: Musik ist dem selbstschöpferischen Potential der Seele gemäß ein Lebenselement, ein tröstender Widerschein der geistigen Welt; das mechanische Betätigen der astralen Klaviertasten genügt hier bereits als symbolischer Impuls, um dem geistigen Ohr diese Quelle zu öffnen. Hinzu kommt, daß im Falle eines sogar physikalisch funktionierenden Lichtschalters das Aufleuchten eines materiellen Lichtes wahrnehmungsunbedeutsam wäre für das in höheren Lichtschwingungen vibrierende geistige Auge.

Eine relativ häufig erlebte Variante der autoskopischen Exkursion ist die „Bedürfnis-" oder „Triebexkursion", wie ich sie einmal bezeichnen möchte. Der Anlaß hierfür ist ein physisch erwachendes Bedürfnis im Körper des Schläfers, welches die Seele miterfaßt. Da sie ja auch der Physis zu dienen hat, genügt bereits eine Trennung von wenigen Millimetern vom Körper, daß sie sich für diesen stellvertretend erhebt, um versuchsweise die der Psyche miteingeprägten Triebbefriedigungswünsche (z.B. Hunger, Durst, sexuelle Wunschgedanken) zu stillen. Ein junger Engländer schilderte mir einmal das Grauen, das ihn nach der erfolglosen Suche nach Getränken in der nächtlichen Küche erfaßte, als er ins angrenzende Schlafzimmer zurückkehrte und sich selbst schlafend im Bett liegen sah. Eine solche Situation führt fast immer zur blitzschnellen Vereinigung der beiden Körper; der Nichteingeweihte tröstet sich dann in der Regel damit, einen unerhört gräßlichen Traum hinter sich gebracht zu haben.

Auch das bereits eingangs erwähnte Patient-hüpft-vom-Tisch-Syndrom gehört als krankenhausspezifische Variante selbstverständlich ebenfalls zum autoskopischen Astralwandererlebnis. Grundsätzlich aber kann aus jeder Art autoskopischer Exkursion unversehens eine transzendente werden. Die dafür notwendige Metamorphose des Seelenbewußtseins tritt ein, wenn die Psyche sich zunehmend ihres Geistes bewußt wird und damit gleichzeitig ihre Bindekräfte an den Körper auf das lebensnotwendige Minimum reduziert. Erst in einem solchen Zustand kann der Astralreisende in den Bereich wahrer Adeptenerleuchtung vordringen. Zu derartigen Daseinsbereichen gehören nicht nur tangierte paradiesische Jenseitsebenen, sondern auch niedere Seinssphären, deren Beschauung dem Exkursionisten zur Erkenntnis seines noch weltsüchtigen Egos dienen soll.

Der österreichische Mystiker und Neuzeitprophet Jakob Lorber vermittelt uns über sein hellgehört-inspiriertes Wissen mehr über das Potential des göttlich vererbten Menschengeistes, als sich die kühnsten Parapsychologen träumen lassen. Immerhin wurde im Westen die Fähigkeit der außerkörperlichen Entrückung in den letzten zwei Jahrzehnten durch zunehmende Berichte über Astralreisen des Mentalkörpers bekannt. Im Laufe zahlreicher protokollierter Eigenerfahrungen entwickelte sich der von einigen Exkursionisten meiner Meinung nach voreilig gefolgerte Schluß, der abgespaltene Astralkörper könne sich auf nahezu unbeschränkte Distanzen von der ruhenden Physis entfernen. Um jedoch Einblicke in Dimensionen jenseits unserer Raum-Zeit-Einengung zu erfahren, ist keine größere räumliche Entfernung des Zweitkörpers erforderlich. Sonst müßten wir uns zwangsläufig der banalen Schlußfolgerung nähern, daß das Jenseits soundsoviele Meilen von uns entfernt liege, wie auch der geniale Filmkomiker Woody Allen in einer seiner grüblerisch-ironischen Betrachtungen ähnlich mutmaßt. Aber selbst Reisen zu anderen Himmelskörpern bedingen keine entsprechenden Enfernungsüberbrückungen. Nach Vereinigung der Seele mit ihrem Geiste nämlich erhält die Psyche als gnädiges Vorschußgeschenk ihrer geistigen Zukunft zuweilen teleobjektivische Einblicke visueller und audiovisueller Art in den stofflichen und geistigen Kosmos. Lorber bezeichnet diesen Hochspannungszustand der Seele als die Virulenz der „Außenlebenssphäre". Er schreibt über diesen geistigen Mechanismus: „Wenn zu Zeiten eines gewissen Verzücktwerdens auf einige Augenblicke der Geist mit seinem Urlebensfeueräther in die vollkommene Seele überstrahlt, dann wird das Fernfühlen, Fernwirken und -schauen sehr potenziert, und der Seele ist es dann in solchen Momenten möglich, sogar bis zu den sehr weit abstehenden Sternen zu reichen und sie dort mit einer großen Genauigkeit zu überblicken. - Wenn der Geist denn einmal, als in der Seele frei auftauchend, sich erregt, so erregt sich auch seine *Außenlebenssphäre* im selben Augenblick endlos weit hinaus, und sein Schauen, Fühlen und Wirken geht dann ohne die geringste Beschränkung so endlos weit hinaus, als der Äther zwischen den Schöpfungen und in denselben den Raum durch und durch erfüllt; denn dieser Äther ist eigentlich ganz identisch mit dem ewigen Lebensgeiste in der Seele. Dieser ist nur ein kondensierter Brennpunkt des allgemeinen Lebensäthers, der die ganze Unendlichkeit erfüllt... Aus diesem Grunde aber kann dann auch eine Seele, die von ihrem Geiste einmal durch und durch erfüllt ist, alles das sehen, fühlen, hören, denken und wollen, weil sie also denn vollends eins ist mit ihrem Geiste."

Lassen wir uns von der verblüffenden Einfachheit überraschen, in der Lorber sein inspiriertes Wissen über die Seelen*gestalt* des menschlichen Feinstoffkörpers kundgibt. Gleichzeitig erhalten wir einen interessanten Hinweis auf die formbestimmenden Antriebskräfte des mentalen Körpers, die sich aus seiner Bewußtseinslage ergeben (am Beispiel des Scheidens der Seele vom Körper): „.... der ersichtliche Dunst (die vorläufig noch nicht erkennbare Menschengestalt der Seele) ist eine Folge der großen Beklommenheit der Seele im Moment des Scheidens, in welchem sie vor lauter Furcht und Entsetzen auf einige Augenblicke bewußtlos wird. Es ist eine außerordentliche Tätigkeitsanstrengung der scheidenden Seele, sich zu erhalten in ihrer sich selbst bewußten Existenz. Alle ihre Teile werden in eine außerordentlich heftige Vibration gesetzt, daß darob auch das schärfste geistersehende Auge irgendeine bestimmte Form nicht entdecken kann. - Ein Beispiel in der Natur böte die tiefklingende Saite einer Harfe. Wenn Du sie stark angeschlagen hast, so wird sie sich eine Zeitlang also schnell hin und her schwingen, daß Du ihren Körper auch nur als einen durchsichtigen Dunstfaden sehen wirst; hat die Saite aufgehört mit dem Schwingen, dann wird infolge ihrer Ruhe auch ihr eigentliche Form wieder ersichtlich. Eine gleiche Erscheinung hast Du beim Anblick einer summenden Fliege ... Wenn die Seele im Scheidemomente austritt aus dem zerstörten, zerissenen und fürderhin nicht mehr brauchbaren Leibe, so vibriert sie in oft eine (!) Spanne langen Schwingungen, und zwar so schnell, daß Du tausend (!) Schwingungen als hin und her und auf und ab in einem Augenblicke annehmen kannst; da ist es dann während der Dauer solcher Seelenvibration dem disponierten Beschauer rein unmöglich, nur irgend etwas von der seelischen Menschenform auszunehmen. Nach und nach beruhigt sich die Seele mehr und mehr und wird dadurch auch als menschliche Form ersichtlich; tritt sie aber endlich ganz in den Zustand der Ruhe zurück, die gleich nach der völligen Ablösung eintritt, so ist sie auch dann zugleich in der vollkommenen Menschenform zu erschauen, vorausgesetzt, daß sie sich zuvor durch allerlei Sünden nicht zu sehr entstellt hat."

Mit dieser Erklärung dürften wenigstens zwei Fragen beantwortet sein, die vorwiegend den AKE-Neuling beunruhigen: 1. Die meist durch Unwissenheit hervorgerufene anfängliche Unfähigkeit, den außerkörperlichen Bewußtseinszustand auf Anhieb als solchen zu erkennen, wirkt selbstvertrauenschwächend und erschwert die gestaltfestigende Stabilisierung des Feinstoffkörpers (räumlich schwierig lokalisierbarer Bewußtseinspunkt).

2. Der unverhoffte Anblick des leblos ruhenden eigenen Körpers dürfte die Psyche häufig derart verwirren und erregen, daß eine gestaltauflösende Destabilisierung des Mentalkörpers erfolgen kann, wobei dann die zu „Dunst" verschobenen schwingungsbeschleunigten Mentalstrukturen leicht wieder von den organischen Selbstbehauptungskräften der Physis eingesogen werden können. - Lorbers Hinweis auf die vor Entsetzen und Furcht vorläufig bewußtlose Seele erklärt auch einleuchtend, warum hellsichtige Menschen am Sterbebett Todkranker zuweilen beim besten Willen nicht in der Lage sind, den sich ablösenden Seelenkörper wahrzunehmen. Die beschriebene Bewußtlosigkeit ist gleichzeitig auch die Erklärung dafür, warum manche Patienten im Gegensatz zu anderen keine Erinnerung haben an klinische Außerkörperlichkeit (bei Operationen oder am Unfallort). Vergessen wir dabei nicht, daß Bewußtlosigkeit *immer* primär eine Bewußtlosigkeit der Seele ist, die sich synchron auf die groben Körpersinne überträgt.

Wenn die Seele während des Körperschlafes ihren Fleischleib auszieht, so sucht sie das „stärkende Bad des geistigen Wassers", wie es der Mystiker so wunderbar formuliert. Die verborgenen göttlichen Fähigkeiten der Psyche entfalten sich im Kraftfeld ihrer „Außenlebenssphäre". Über die Sinne des Leibes erfahren wir: „... hätte der Leib solche Sinne nicht, so wäre er gänzlich unbrauchbar und der Seele eine unerträgliche Last, aber ebenso würden der Seele die schärfsten Leibessinne nichts nützen, so sie nicht selbst in ihrem Ätherleibe ganz dieselben Sinne besäße..."

Der luzide Traum gilt unter Astralreisenden zu Recht als ein Erkennungssymptom dafür, daß sich der Astralkörper bereits von der Physis getrennt hat oder sich zu lockern beginnt. Für den erotischen Eroberungstyp unter den luziden Träumern eröffnet die Tatsache, sich des Träumens *vollbewußt* zu sein, eine verführerische Perspektive, sich weiblichen Wesen unverblümt zu nähern. Ein Bekannter von mir äußerte in diesem Zusammenhang unverhohlen seine freudige Entdeckung darüber, daß die luzide Traumeroberung einer Frau ohne die oftmals heuchlerischen Riten der konventionellen Formalitäten schlechthin *das* Liebeserlebnis überhaupt sei, wenn man frei und unbeschwert zum

Beispiel sagen dürfe: „Sie gefallen mir so überaus; ach wie gern würde ich ein Verhältnis mit Ihnen haben!“ Ich muß gestehen, daß ich ähnliche Situationen ebenfalls als sehr angenehm und natürlich empfunden habe. Doch gibt es hier einen Aspekt, der die subtilen Freuden des Helden trüben könnte: Wider alle Annahmen unserer Traumforscher berichtet Lorber klar und detailliert, daß wir recht wohl in gewissen „Träumen“ mit Menschenseelen in Berührung kommen können, die *ebenfalls* bewußt in Kommunikation mit uns treten. Die Vermutung liegt nahe, daß dies gerade auf den luziden Traum wie auf die Außerkörperlichkeit überhaupt zutrifft.

Die fast ausschließlich im Schlaf erfolgende Annäherung der Seele an ihren göttlichen Menschengeist bewirkt bereits im luziden Traumgeschehen ein Erwachen der selbstschöpferischen Seelenkräfte, deren machtvolles Wirken dem Weltverstand schier unergründlich zu sein scheint. Jeder, der seinem Traumleben die notwendige Aufmerksamkeit schenkt, wird hier atemberaubende und individuell vielfältige Entdeckungen machen können. Wie ich selbst dahinter kam, diese elementaren und kreativen Kräfte zu nutzen, möchte ich am Beispiel eines luziden Traumes zeigen, den ich in seiner Art erstmals als Jugendlicher erlebte und in welchem ich nur durch die ideoplastische Gedankenkraft der schöpferischen Seele aus den niederen Frequenzen eines bedrohlichen Traumgeschehens erlöst werden konnte. In jenem besagten Traum waren mir abscheuliche Gestalten, offenbar niederen Astralbereichen angehörig, hartnäkkig auf den Fersen, als mein Blick beiläufig auf ein am Weg stehendes Strauchgewächs fiel. Ich fühlte den hämischen Triumph meiner näherrückenden Verfolger wie Pfeile in meinem Rücken und wollte mich bereits verzweifelt meinem Schicksal ergeben, als mich eine innere Stimme heftig zu drängen schien, jene Strauchpflanzen doch noch etwas näher in Augenschein zu nehmen. Ich tat dies dann auch, und zwar mit dem Röntgenblick eines Forschers, der im Begriff ist, unter dem Mikroskop einen Virus zu entdecken. Da geschah das Wunderbare: Die Landschaft trat, sich verändernd, in ein freundliches Licht und eine friedlich-heitere Stimmung eliminierte unvermittelt die schauderhaften Gestalten, die bereits ihre Krallen nach mir ausgestreckt hatten. Es ist selbstverständlich, daß ich diese wichtige Entdeckung in anderen luziden Träumen mit Lust zu kultivieren lernte. Ja, ich machte mir geradezu einen Spaß daraus, meine astralen Verfolger oder Quälgeister bis auf waghalsig kurze Distanz herankommen zu lassen, um dann durch überaufmerksames Betrachten eines am Wege liegenden Objektes einen Brennpunkt der Beschaulichkeit zu erzeugen, der schließlich als Transformator meines psychischen Gestaltungswillens einen spontanen Wechsel der astralen Frequenzen erzwang. Von diesem Effekt berichtet auch Reinhard Fischer. Er bezeichnet diesen Vorgang als schöpferische Transformation der „Gedankenbildekraft“.

Es ist viel darüber geschrieben worden, wie an die Erlernung des luziden Träumens heranzugehen sei. Nach eigenen Erfahrungen halte ich den immer wieder geduldig gefaßten Vorsatz vor dem Einschlafen, fortwährend hellbewußt zu bleiben, längerfristig für sehr wirkungsvoll. Wer die Wirkung bestreitet, hat wahrscheinlich zu früh aufgegeben. Der Geduldige aber wird irgendwann schließlich doch erfreut feststellen, daß er das Bewußtsein seines Selbst immer klarer mit hinüber nimmt in sein Traumleben. Es sollte dann z.B. versucht werden, den eigenen Namen auszusprechen, die eigenen Hände zu betrachten (auf individuelle Merkmale achten!) usw. Beim Anknüpfen eines Gespräches mit begegnenden Menschen sollte durch wohlüberlegtes Fragen versucht werden, die Qualität des Argumentationsniveaus stabil zu halten, um nicht wieder in das Dämmerbewußtsein eines gewissermaßen anonymen Traum-Ichs zurückzufallen. Hat man schließlich die volle Luzidität erreicht, läßt es sich auch leicht feststellen, ob vielleicht bereits der außerkörperliche Zustand erreicht worden ist. Diesem Zweck kann auch folgende von mir mehrmals benutzte Kontrollmethode dienen: Man präge sich genau die Silhouette einer sich darbietenden Stadt mit ihren Türmen und Giebeln ein, schließe dann die mentalen Augen und vergleiche daraufhin nochmals aufmerksam die nun sich darbietende Stadtsilhouette mit dem ersten Bild. Besteht weiterhin eine genaue Übereinstimmung, so darf man annehmen, neben der vollerlangten Luzidität wohl auch den außerkörperlichen Zustand erreicht zu haben, möglicherweise als Besucher auf einer nachtodlichen astralen Scheinweltebene, welcher allein durch die transformierende Gedankenwelt ihrer Bewohner eine gewisse äußere Solidität verliehen wird.

Luzider Traum und außerkörperlich erlebtes Bewußtsein sind als erinnerungsfähiges Phänomen eigentlich nur die sichtbaren Spitzen des Eisberges, welche in das Fassungsvermögen unseres Oberbewußtseins hineinragen. Da die Grenzen unserer Innenwelten parallel zu unseren geistigen Wachstumsfortschritten expandieren, werden wir nie an einen Punkt gelangen, der uns das Zusammenwirken aller Faktoren völlig überschaubar werden läßt. Aus diesem Grund sind allen Vermutungen über die Funktionsweise des geistigen Mechanismus, unterbewußter Wissenstransformation enge Grenzen gesetzt. Wir wissen nur eines völlig sicher: Die Seele kann im Verbund mit ihrem Geiste über alle Eigenschaften und Fähigkeiten des Göttlichen verfügen, sowohl was das göttliche Schöpfungspotential als auch das allumfassende Wissen anbetrifft. Sagte nicht Jesus zu den Seinen: „Alles, was ich tue, könnet ihr auch, - und noch mehr.“ Deshalb auch ist die Seele eines jeden Menschen zu Weissagung und prophetischer Schau befähigt. Geborene Propheten sind im biblischen Sinne nur diejenigen, bei denen die verborgene Gabe der Seele einen offenen Kanal zum Oberbewußtsein gefunden hat. Es waren dies die Propheten des Alten und Neuen Bundes. Wurden diese von der Priesterschaft der alten jüdischen Kirche wenigstens noch zum Teil, wenn auch mißtrauisch akzeptiert, so ging es den Propheten späterer Jahrhunderte schon schlechter. Je mehr absolutistische Macht die Papstkirche sich aneignete, desto gefährlicher lebten die Propheten im Dialog mit ihrem göttlichen Seelengeist. In solchem Verhalten sprach die Institution dem Christusgeist Hohn, der verheißen hatte, bei uns zu sein bis ans Ende dieser Welt. Gemeint war damit natürlich seine Gegenwart in den Menschenherzen und seine Mitteilungsfähigkeit durch das Medium Seelengeist mittels Visionen, Traumbotschaften und prophetischer Warnungen. Für unsere Zeitenwende verheißt der Gottesgeist unmißverständlich seinen besonderen Beistand mit der Ankündigung: „Ich werde meinen Knechten und Mägden Gesichte geben".

Für den Glauben der christianisierten Menschheit erwies es sich geradezu als verhängnisvoll, daß man mit dogmatischer Unnachgiebigkeit die Bibel als den Schlußstein aller Gottesoffenbarung sanktionierte. Der Laienchrist mußte zwangsläufig in der Gottheit eine unbegreifliche Personalität erblicken, die sich wie ein Vater verhält, der wohlwollend mit seinen Kindern verkehrt und sogar noch jede Woche einen lieben Brief schreibt, eines Tages jedoch plötzlich die Vorhänge zuzieht und nicht mehr gestört sein möchte. Ein derart verkrüppeltes Gottesbild konnte nicht den Weg vom Kopf ins Herz des Menschen finden und konnte auch nicht ohne Folgen bleiben. Die aufgestauten Sehnsüchte des in der Seele unterbewußt ruhenden göttlichen Menschengeistes waren und sind niemals durch eine Reglementierung zu bändigen. Dieser Geist fand und findet immer Möglichkeiten, Kanäle zum Licht zu öffnen und sich zu artikulieren. Dies brachte der geistig weit aufgeschlossene Psychoanalytiker Erich Fromm in einem stark beachteten Interview viel nachdrücklicher zum Ausdruck, als er es in seinen Büchern getan hatte.

Gerade jener elementare Drang führte in Europa vom Spätmittelalter bis ins 19. Jahrhundert hinein zu einer vorher unerahnbaren Hochblüte in den Künsten. Man kann dies ruhig als eine Ersatzblütezeit betrachten für die im christlichen Denken und Handeln nicht stattgefundene substanzielle Wende. Die Inspirationen der größten Genies waren von solcher Gestalt, daß sie zweifellos als transformierte Botschaften aus geistigen Welten zu betrachten sind. So gesehen sind Gestalten wie Michelangelo, Rembrandt, Shakespeare, Goethe, Mozart, Beethoven und Schubert Propheten und Mystiker. Sie reden nur eine andere Sprache, um als solche vordergründig unerkannt bleiben und solcherart in die Breite und in die Zukunft wirken zu können. Nirgendwo sonst in der Musik manifestiert sich die elementare Sehnsucht nach der Substanz des Geistigen so überwältigend wie in den Werken des späten Beethoven, um eines der markantesten musikalischen Offenbarungsbeispiele zu zitieren.

Prophetische Energie äußert sich gerade auch in der gegenwärtigen Phase unserer Zeitenwende besonders vielfältig. Literarische Warner wie George Orwell gehörten bereits dazu und haben in unserer Gegenwart viele Nachfolger gefunden. Freilich sind sie nicht als Propheten im biblischen Sinn zu erkennen; als Kinder unserer Zeit sind darunter Künstler, Journalisten, abgesprungene Wirtschaftsbosse, karrieresatte Schauspieler, Systemanalytiker, querdenkende Wissenschaftler und auch Theologen, die ihr dogmatisches Denkschema über Bord geworfen haben, und viele mehr.

Nun aber ist für uns alle die Zeit gekommen, die Energien unserer unterbewußten Sehnsüchte zu entdecken und zu nutzen. Wenn wir wollen, können wir alle zu den „Knechten und Mägden" gehören, denen die Gottheit entschlüsselbare Visionen und Gesichte schenkt. Der Schlüssel hierzu ist die demütige Aufgeschlossenheit des Herzens, nicht etwa die Absolvierung eines Meditationskursus bei einem weitangereisten Guru.

Haben wir nicht immer wieder Träume, die uns zwar überwiegend unverständlich bleiben, gleichwohl uns aber keine Ruhe lassen? Der Draht läuft heiß, der die Botschaften übermittelt, aber wir machen uns dank unserer geistigen Taubheit kaum die Mühe, die empfangenen Bilder zu enträtseln.

Und doch sind es großenteils die gleichen Metaphern, die in den visionären Schauungen der biblischen Propheten und Mystiker aufgetaucht waren. Da wir aber Kinder unserer Zeit sind, bedient sich unser Unterbewußtes meist auch der Objekte, Situationen, Symbole und Statussymbole unserer Zeit wie Telefon, Auto, Straßenverkehr, Flugzeug, Eisenbahn, Bahnhof, Bahnsteig, Geleise, Supermarkt usw. Die gesendeten Bilder wechseln und vermischen sich deshalb so häufig, weil die Seele im gelockerten Astralkörper auch ihrerseits zu einem raschen Wechsel der Schwingungsfrequenzen fähig ist, je nachdem, welche schöpferischen Gedankenimpulse sie erhält. Es scheint sicher, daß die transformierten Bilder häufig auch Antworten sind, die der wissende Geist dem Ego übermittelt, um diesem einen Spiegel vorzuhalten. Auch Freunde und Bekannte berichten mir immer wieder von solchen Traumvisionen und ich miterlebe dabei freudig stets auch die wachsenden Fähigkeiten der Menschen, diese Bilder richtig deuten zu können. Nicht immer aber sind es visuelle Botschaften. Manchmal ist es sogar ein konkreter, deutlich gesprochener Satz, den der Schläfer in einer Lautstärke hört, daß er ganz zwangsläufig erwacht und durch diesen besonders glücklichen Umstand in der Lage ist, die empfangene Mitteilung seinem oberbewußten Gedächtnis einzuverleiben. Eine Nachbarin berichtete mir kürzlich (Juli 1987) von der mitten in der Nacht gehörten Botschaft, die sie wie ein Posaunenruf geweckt habe: „Meine Aussage lautet: Das neue Zeitalter kommt!"

Nach den inspirierten Kundgaben des Mystikerpropheten Jakob Lorber werden praktische Nächstenliebe und verinnerlichte Gottesliebe die Kriterien sein, welche die Qualität des neuen Zeitalters bestimmen. Ähnliche Ankündigungen finden wir in der Gegenwartsprophetie. Die New Age-Propheten unserer Tage allerdings übersehen in ihrem avantgardistischen Enthusiasmus den biblischen Parallelbezug der Wiederkunft Christi zur gegenwärtigen Zeitenwende. Gerade dieser Aspekt jedoch ist die Essenz der Johannes-Offenbarung, welche die Vision des himmlischen Jerusalem beschreibt, das zur Erde niedersteigt und einen geistigen Bund mit dieser schließt, der ewig währt.

Betrachten wir ruhig uns alle als aufgerufen, hierfür Pionierarbeit zu leisten. Der alltägliche Umgang mit unserem Nächsten wird in der Tat zum Prüfstand für unsere Qualifikation. Die schon eingetretenen und noch bevorstehenden Katastrophen und Heimsuchungen aller Art sind als unsere Lehrmeister eingeplant in den geistigen Evolutionsablauf einer sich erneuernden Menschheit. Dieser Prozeß hat früher begonnen, als wir wahrhaben wollen. Im Angesicht der sich dramatisch verschlechternden Lebensgrundlagen erkennt der Mensch zunehmend auch den geistigen Ursinn unter der Rinde so mancher biblischen Buchstabenhülle. Das aktuellste Beispiel für unsere prekäre Situation ist wohl das alttestamentliche Gebot: „Du sollst Vater und Mutter ehren, damit es dir gut gehe und du lange lebest auf Erden!" Die Not und Bedrängnis der geschändeten Schöpfung hat uns inzwischen zwangsgelehrt, den geistigen Ursinn dieser Worte zu verstehen, buchstäblich fünf Minuten vor zwölf: Mit „Vater" ist die welten- und seelenerschaffende Gottheit gemeint, der schöpferische Liebegeist, ohne den nichts sein kann. Die „Mutter" ist natürlich die unser körperliches Sein aufbauende und erhaltende Nährschicht Erde, Luft, Wasser (die Indianer wußten es schon lange, bevor die ersten Missionare kamen). „...damit es dir gut gehe und du lange lebest auf Erden." In dieser Schlußbegründung des Gebotes liegt doch der geistige Sinn der Worte beschämend offen. Denn buchstäblich aufgefaßt wäre das Gebot in seiner Gesamtaussage eine zynische Ermunterung zum heucheln, eine ganz und gar billige Spekulation; es liegt doch nahe, daß man seine leiblichen Eltern ehrt, weil man sie auch gern hat, gleichgültig, was die Zukunft auch bringen mag.

Wenn wir nur den äußeren Sinn einer Traumbotschaft oder einer Vision zur Kenntnis nehmen, so fallen wir dabei häufig dem gleichen Mißverständnis zum Opfer, wie es die bloß buchstabengerechte Erfassung des zum Beispiel gerade zitierten Bibelwortes gezeigt hat. Ein solch oberflächlich untersuchtes „Traumgeschehen" wird dann zwangsläufig als ein lediglich konfuses Psychokaleidoskop mißverstanden und kann somit als verkanntes Lehrbeispiel zur Seelenvergeistigung nicht nutzbar gemacht werden.

Unter den nachfolgend aufgeführten und erläuterten selbsterfahrenen Traumbotschaften und metaphorischen Visionen beschreibe ich auch einige meiner außerkörperlichen Erlebnisse. Ich möchte damit verdeutlichen, daß sich manche Bilder offensichtlich besser im bewußt abgespaltenen Astralkörper entschlüsseln und einprägen lassen. Häufig vermittelt der positive Umstand, bereits unmittelbar nach Empfang der Vision wachgeworden zu sein die Chance, überhaupt das Erlebte ins Erinnerungsvermögen des Oberbewußtseins zu transferieren, wie bereits angedeutet wurde.

Mir geht es bei der Darstellung der Seele als Botschafterin ihres göttlichen Geistes im wesentlichen um die Würdigung und Nutzbarmachung der prophetischen Fähigkeiten der individuell schöpferischen Psyche, sowohl was die Vorausschau ihres eigenen geistigen Weges, als auch die des gesamten menschheitsgeschichtlichen Schicksals im Morgenlicht der Zeitenwende betrifft. Es sind die „Quellen der Nacht“, wie sie Werner Zurfluh in seinem gleichnamigen Buch poetisch bezeichnet. Darüber hinaus betrachte ich sie aber im besonderen Maße als die biblisch verheißenen „übersinnlichen“ Fähigkeiten, derer der Mensch des zu Ende gehenden Industriezeitalters zunehmend wieder teilhaftig werden wird. Der Preis dafür sind die Leiden, welche die Völker im harschen Wechselbad zwischen den Weltkriegen und den dazwischenliegenden exzessiven Wohlstandsphasen und ihren üblen Folgen reifer werden ließen. Eine Ausnahme bilden bislang diejenigen Weltgebiete, in denen noch religiöser Fanatismus und nachkolonialistische Gewaltherrschaft einen mittelalterlichen Absolutismus schauerlichster Prägung ins Leben riefen, der sich in seiner blinden Selbstherrlichkeit allerdings ebenso wie seine Vorbilder selbst zerstören wird. Für das tatsächliche gegenwärtige Menschheitsbewußtsein unter der wachsenden Sehnsucht nach christlicher Verbrüderung ist jener totalitäre Ausnahmezustand wahrlich ein blanker Anachronismus.

Die nun folgenden Schilderungen und Kommentare über selbsterfahrene nächtliche Seelenbotschaften zeigen eine Auswahl visionärer Erlebnisse zwischen 1981 und 1987. Darunter befinden sich auch Bilder, deren prophetische Erfüllung ich nur ahnen kann und über die ich vorläufig nur wenig sagen möchte. Andererseits soll der Leser auch von Erlebnissen erfahren, die vordergründig keinen prophetischen Sinn vermitteln. Man kann sie wohl als reine Widerspiegelung des unterbewußten Wissens der geist-verbundenen Psyche betrachten, gewissermaßen als einen selbsttätig aktiven Gradmesser ihres selbstschöpferischen Entwicklungsstandes.

(14. Mai 1981) Ein nächtlich vorüberziehendes Gewitter verursacht durch die gesteigerte Luftelektrizität eine Lockerung des Astralkörpers. Mehrmals gerate ich in einen Zustand zwischen Schlafen und Wachen und fühle, wie mein physischer Körper mehr und mehr von Vibrationen erfaßt wird. Dieses Phänomen ist mir inzwischen aus Literatur über Außerkörperlichkeit hinreichend bekannt und so beklemmen mich auch keinerlei Angstgefühle. Im Gegenteil, ich führe das freudige Ereignis der ersten gelungenen Abspaltung von der Physis herbei, indem ich mich beharrlich von einem imaginären Magneten an der Zimmerdecke unwiderstehlich angezogen fühle. An einem deutlich empfindbaren Punkt verstärkt einsetzender Willenskräfte löse ich mich endlich vom ruhenden Körper und es zieht mich aufwärts zur Zimmerdecke. Im Halbdunkel des Raumes ist sie überraschend gut zu erkennen und ich wundere mich auch weiter nicht darüber, daß ich, ohne feste Materie zu spüren, durch sie hindurchtasten kann. Aber das unregelmäßige Gittermuster der Decke verwirrt mich zunächst - wo ist die vertraute Rauhfasertapete? Diese Konfusion verstärkt prompt die körperlichen Bindekräfte und ich sinke unwiderruflich in den grobstofflichen Körper zurück. Danach erlebe ich eine wunderschöne Mondvision: Der Himmelskörper erscheint mir strahlend hell und wird mir ganz nahe gerückt, wie durch ein Teleskop betrachtet. Erst nachdem ich mich sattgesehen habe, tritt das Gestirn wieder in seine gewohnte Entfernung zurück.

Das Rätsel der vergitterten Zimmerdecke ließ sich leicht lösen: Unter der rauhfaserbeschichteten Zimmerdecke befindet sich ein gitterähnliches Flechtwerk, um die dazwischenliegende Lehmmasse festzuhalten (es handelt sich um ein etwa 360 Jahre altes Fachwerkhaus). Die nicht an Raum und Zeit gebundenen Sehorgane des Zweitkörpers registrierten diese Verflechtungen, die Papierschicht durchdringend.

Am Tage darauf konnte ich mich ebenfalls davon überzeugen, daß die Vision des Mondes in seiner Erscheinungsgestalt genau mit dem kalendermäßigen Erscheinungsbild übereinstimmte.

(22. September 1981) In der Nacht erlebe ich zum ersten Mal bewußt die kurzfristige Verbindung der Seele mit ihrem Geist. Es ist dies ein ekstatischer Seinszustand, der von einem unbeschreiblichen Glücksempfinden und gleichzeitigen Dankbarkeitsgefühlen getragen wird. Aus dem Oberbewußtsein ist das Ganze später nur als ein eingebrannter Erinnerungsabdruck abrufbar.

Das folgende außerkörperliche Erlebnis bringe ich an dieser Stelle nur, um das Musterbeispiel einer rein autoskopischen Exkursion aufzuzeigen, welche nicht transzendiert.

(15. April 1982) Vor dem Einschlafen habe ich einige selbstersonnene Entspannungsübungen gemacht und warte geduldig und sehnsüchtig zugleich auf die Lockerung des Astralkörpers. Es passiert jedoch nichts und ich schlafe ein. Erst gegen Morgen kommen meine Bemühungen vom Abend erfolgreich zum Tragen: Ich gerate, auf der linken Seite liegend, in heftige Vibrationen, schwebe in horizontaler Lage hoch und setze die weitere Bewegung in aufrechter Haltung fort. Bei der Betrachtung des Zimmers stelle ich fest, daß sich alles an seinem gewohnten Platz präsentiert; der weiße Kleiderschrank reflektiert auf seiner Glanzschicht das matte Laternenlicht der Straße. Durch das geschlossene Fenster fällt mein Blick auf die gegenüberliegende Straßenseite. Mein fester Wunsch, dort unten zu sein, ist sofort verwirklicht. Den Widerstand der Fensterglasmaterie habe ich nicht im geringsten gespürt und so stehe ich freudig erregt auf dem schmalen Bürgersteig. Von links nähert sich ein Radfahrer. Die Realität der Situation hat beinahe etwas bedrückendes: Das Durchtreten der Pedale markiert exakt das typische Aufglimmen der Beleuchtung; ich fühle mich wie körperlich hier unten anwesend! Noch andere Frühaufsteher sind offenbar unterwegs zur Arbeit und ich schließe mich einer kleinen Gruppe von Passanten an. Aber nach einigen Metern Wegstrecke wende ich meinen Blick etwas schuldbewußt zurück zum Schlafzimmerfenster der alten Fachwerkhausfront hinauf und fühle mich, in Gedankenschnelle zurückgekehrt, unvermittelt wieder auf der linken Seite in meinem Bett liegend.

Die Schilderung und Kommentierung weiterer zwei bis drei Dutzend solch ähnlicher AKE-Erlebnisse (mehr darüber in „Die Erfahrbarkeit außerkörperlicher Daseinsebenen“, Verlag „Die Silberschnur“, 1984) soll nicht Zweck dieses Buches sein. Die transzendierenden Astralerlebnisse dagegen haben schon einen ganz anderen Stellenwert, wie folgende Begegnung mit unserem 1980 durch einen Unfall tödlich verunglückten Sohn Andreas:

(20. Dezember 1982) Meine Erinnerung an dieses außerkörperliche Erlebnis setzt damit ein, daß ich einem wohlgestalteten, freundlichen jungen Mann gegenüberstehe: Während er liebevoll meine Hand ergreift, erkenne ich freudig unseren Sohn Andreas. Ein ruhiges Lächeln steht in seinem Gesicht, dem ich so nahe bin, daß ich es in allen Einzelheiten betrachten kann. Welch eine Besonnenheit, welch eine glückliche Zuversicht in seinen Zügen! Da mir vor Freude zunächst die Worte fehlen, ergreife ich seine Schultern, seinen Kopf. Alles ist heil, läßt sich ertasten, deutlich fühlen. Wir befinden uns in einem Gebäude, offenbar im Dachstuhl desselben. Ringsum erkenne ich das typische Dachgebälk eines alten Hauses, ähnlich des von uns bewohnten. Das Ganze vermittelt mir den Eindruck, als habe man vor, sich hier bald wohnlich-gemütlich einzurichten.

Schließlich finde ich endlich meine Sprache wieder und frage ihn, ob er bereits in einer Sphäre sei, in der er allein mit der Kraft seines Willens und seiner schöpferischen Phantasie sich seine häusliche Umgebung selbst gestalten könne. Ich bin verwundert darüber, daß er die Frage zwar ohne Zögern, aber indirekt beantwortet. Er sagt: „Ich wirke in einem Gebiet, in welchem sogar noch Gewitter stattfinden." - Diese Erklärung macht mich sehr nachdenklich, aber schnell glaube ich den Sinn jener Worte erfaßt zu haben: Mein Sohn betreut jenseitige Neuankömmlinge, deren noch nicht überwundene irdische Leidenschaften und Uneinsichtigkeiten eine gewitterschwangere geistige Umgebung schaffen, aus der sie behutsam herausgeleitet werden müssen. Mein Sohn ergreift erneut meine Hand, und ich sehe mich an seiner Seite in einen alten, freundlichen Straßenwinkel versetzt. Ich begreife, daß er versucht, mir Einzelheiten klarzumachen, die ich noch nicht recht verstehen kann. Noch während ich eine neue Frage stellen möchte, fühle ich mich mit geschlossenen Augen wach werden. Aber welche Erregung hat sich meiner bemächtigt! Ich fühle mein Herz lebhaft pochen, und im Kopf jagt ein Gedanke den anderen, wie Wolken, die am stürmischen Frühlingshimmel, fortwährend sich jagend und überstürzend, ständig ihre Gestalt verändern. Gleichzeitig tauchen wunderbare Farbvisionen auf: Ein hellroter Himmel mit scharfgeränderten Wolken davor wechselt in andere Formen und Farben über. Alles ist ständig in Bewegung. Ich sehe wachsende Formen von Violett, Blau, Hellgrün und goldgelbe Leuchtpunkte, die, auf mich zukommend, in mein ganzes geistiges Blickfeld hineinwachsen.

Noch lange, nachdem ich auf die Uhr geschaut habe (3.45 Uhr), kann ich vor Erregung keinen Schlaf finden.

Die vorübergehende Einung der Seele mit ihrem göttlichen Menschengeist wird auch im nachfolgend beschriebenen Erlebnis erkennbar (3. Mai 1983):

Ein ekstatisches Glücksempfinden überwältigt mich in der Nacht mit elementarer Kraft. Diese Kraft fließt in jede Pore meines Seins und erfüllt mich mit der Unwiderstehlichkeit bedingungslos strömender Liebe. Ich fühle mich wie von einer mächtig angewachsenen Woge emporgetragen auf einen stillen Gipfel unsäglich dankerfüllter Glückseligkeit. Dieser wunderbare Vorgang wiederholt sich mehrmals in wellenförmiger Dynamik der Empfindungen, wobei ich jedes Mal vorher aus einer zweifellos realen sphärischen Seinsebene vorübergehend in einen Halbwachzustand auftauche. Obwohl mich zeitlich gesehen nur Sekunden von jener Seinsebene trennen, bleiben weder Szenerie noch irgendwelcher Handlungsablauf in meinem Gedächtnis haften. Jedoch ahne ich in den Augenblicken des Zwischenerwachens wohl, daß ich mit glückerfüllten Wesenheiten zusammen gewesen bin, deren pulsierende Daseinsfreude mich schließlich mit emporgetragen hat.

Begleitet werden diese sich rhythmisch aufbauenden Höhepunkte durch lebhafte Vibrationen, die ich jedoch nicht als Schwingungen der Physis empfinde, denn sie haben eine wesentlich höhere als die gewohnte Geschwindigkeit. Die deutlich registrierte Astralstarre beim Eintauchen in den Halbwachzustand signalisiert eindeutig, daß ich zweifellos noch „außer mir" bin.

Die Frequentierung *verschiedener* Atralebenen durch die selbstschöpferischen Schubkräfte von Emotionen wird in einer Exkursion vom 4. August 1983 veranschaulicht; gleichzeitig zeigt das Erlebnis, wie eine anfänglich autoskopische Exkursion unvermittelt transzendiert:

Durch willentliche Verstärkung physischer Vibrationszustände mit nachfolgendem Herausschälen aus dem Körper gelingen mir wiederum zwei Abspaltungen nacheinander, von denen hier die längere und interessantere geschildert werden soll.

Nachdem ich, diagonal über das Nachbarbett gegen die nächtliche Zimmerdecke schwebend, meinen stofflichen Körper verlassen habe, sehe ich mich augenblicklich von niedrigen Tischchen und Regalen umgeben, die mir als gegenwärtiges wie auch früheres häusliches Interieur unbekannt sind; ebenso fremd erscheinen mir die zahlreichen alten Medizinfläschchen, Spielsachen, Apparaturen, Bücher und Handschriften und vieles mehr, alles dicht zusammengedrängt wie auf den Tischen eines Flohmarktes.

Neugierig beginne ich die Etiketten auf den Fläschchen zu lesen. Inhaltsangaben sind ebenso wie vollständige Firmenadressen in klaren Buchstaben deutlich zu entziffern. Aber meine Neugierde hat nun einen so nervösen Grad erreicht, daß ich mir nichts einpräge. Alles will ich in die Hand nehmen, befühlen und untersuchen. Da fallen mir zwei Schriftstücke ins Auge, die ich zwischen alten Büchern und Briefbündeln hervorstöbere.

Das eine Schriftstück zeigt eine mit Tinte geschriebene, mir unbekannte mathematische Formel - und zwar eindeutig mit der mir sehr vertrauten Handschrift meines inzwischen verstorbenen Vaters. Als ich mir das briefähnliche andere Schriftstück genauer betrachte, erkenne ich ebenso klar die Handschrift meiner noch lebenden Tante mütterlicherseits. Gleichzeitig sehe ich in der Tür zum Nebenzimmer meinen nunmehr jugendlich wirkenden Vater auftauchen. Er hält wartend inne und blickt mich mit einem geheimnisvollen Lächeln freundlich an. Mit den beiden Schriftstücken eile ich auf ihn zu in der Absicht, sie mit ihm zusammen zu studieren, da ich mit seiner Hilfe ihre Bedeutung zu enthüllen hoffe.

Nun jedoch hat meine Furcht zugenommen, daß mein außerkörperlicher Zustand abrupt zu Ende sein könnte, ohne vorher Aufklärung erlangt zu haben - und unvermittelt bin ich durch die negativen Schwingungen, die meine Ungeduld produziert, in eine niedere Astralebene herabgesunken: Zwei Gestalten mit hämischen Gesichtern entreißen mir blitzschnell die beiden Papiere und einige Briefbündel, die ich mir außerdem noch unter den Arm geklemmt hatte, um auch sie zu studieren. Mit einem kleinen Sta-

pel Bücher, die sie sich zusätzlich von einem Tisch angeeignet haben, ergreifen sie die Flucht. Ich verfolge sie durch ein trübes Vorstadtgelände, komme ihnen aber für eine Weile nicht näher. Als ich die Bösewichter deutlicher fixiere, erscheinen sie durch die Straffung meines Willens zusehends wie gelähmt. Nun komme ich ihnen merklich nahe, und sobald ich sie zum Greifen vor mir habe, beginnen sie unter kläglichem Gewinsel samt Diebesgut in den Boden zu versinken. Sie hinterlassen Löcher wie in geschmolzenem Blei, geben aber unerwarteter Weise alle Schrift- und Bücherbündel frei, bevor ihre Köpfe restlos in den Löchern verschwunden sind. Ich wische einige Erdkrümel von den Bündeln und wandere dann über einen abgetretenen Rasen verwirrt und ziellos weiter, bald danach sanft in den Körper zurückkehrend.

Zweifellos wollte mein Vater mit der mir vorgezeigten mathematischen Formel, die seine Handschrift zeigte, die Art und Weise seiner geistigen Einflußnahme auf meine noch lebende Tante demonstrieren, welche bislang das Überleben des physischen Todes noch bestreitet. Die Wahl einer mathematischen Formel wurde zu einem konkreten Signal: Das Überleben des Todes ist ein geistiges Naturgesetz.

Die Außerkörperlichkeit als gewissermaßen befristetes Transitvisum für einen Trip in nachtodliche Daseinszwischenbereiche der noch irdisch traumatisierten Seele soll folgende Exkursion veranschaulichen, die auch einer gewissen Komik nicht entbehrt (4. November 1983):

Ich finde mich plötzlich in eine hügelige Landschaft versetzt. Ringsum erblicke ich sanfte Höhenzüge und rundliche Bergkuppen, denen Wälder und Haine recht gut stehen würden. Aber stattdessen bietet sich die gesamte Umgebung nach allen Richtungen betrachtet durch industrieähnliche Anlagen und seltsame Baulichkeiten entstellt dar. Letztere dienen, wie ich vermute, wohl wissenschaftlichen Forschungszwecken. Wohnhäuser oder Siedlungen im herkömmlichen Sinn kann ich nicht entdecken. Einer weiblichen Person, die ich in meinem näheren Umkreis wahrnehme, versuche ich telepathisch mein Mißfallen an der trostlosen Umgebung zu signalisieren, werde jedoch ignoriert oder gar nicht wahrgenommen.

Mich zieht es fort, und ich gelange nach einer Weile in einen kurparkähnlichen, etwas freundlicheren Winkel. Ich wundere mich über eine Menge eigentümlicher Stangen, die an einer Mauer lehnen und wie große Stelzen aussehen. Jede Stange endet am Fuße in einer allmählichen Verdickung, in welcher auch irgendein Mechanismus verborgen zu sein scheint. Der Sinn dieser Stangen wird mir plötzlich klar, also fasse ich entschlossen eine und klettere auf zwei beiderseitig angebrachte Bügel. Unverzüglich bewege ich mich von diesem Ort hinweg: Wahrend ich mich am oberen Stangenende festhalte, tritt im Fuß des Gerätes ein Abstoßmechanismus in Tätigkeit, dank dessen ich mich flink hüpfend durch das Gelände fortbewege. Richtung, Geschwindigkeit und Balance lassen sich offensichtlich allein durch Willensenergie steuern, und dies ist der Grund, weshalb ich mich mit wachsendem Vergnügen dieser Reisestange bediene. Der Wunsch nach höherem Reisetempo bewirkt sofort schnellere oder höhere Sprünge, jedoch begnüge ich mich schließlich mit einem mäßigen Radfahrtempo. Durch eine Art Allee hüpfend, sehe ich nun auch die ersten Wohngebäude. Sie liegen als vereinzelte Villen hinter Buschwerk verborgen, welches auch den Straßenbereich abgrenzt. Kein einziges parkendes Auto ist zu sehen, und ich verbinde diese Beobachtung mit der positiven Feststellung, daß das umweltfeindliche Automobil immerhin in diesem Lande mittels der Erfindung eines klugen Kopfes wohl endgültig abgelöst wurde - nämlich durch das „Grashüpfermobil".

Eine Eingebung sagt mir, daß ich mich in der Nähe einer Meeresbucht befinden müsse. Auf sehr verzweigten und wohl nicht für jedermann bestimmten Pfaden nähere ich mich einem mit kargen Bäumen bewachsenen Hügel, der zum Meer abfällt. Mir ist klar, daß ich mich jetzt in einer Art Freizeitgelände befinde. Überall sind auch Menschen, von denen allerdings einige mich durchaus nicht zu bemerken scheinen. Andere nehmen mich etwas argwöhnisch zur Kenntnis, und ich fühle, daß ich in gewisser Weise von ihnen als Eindringling betrachtet werde. Durch Autosuggestion verleihe ich mir das Äußere eines Geländebediensteten und bemerke auch, wie gleichzeitig das Interesse an meiner Person wieder schwindet. Nun kann ich meine Aufmerksamkeit auf die Umgebung richten. Die Bucht ist etwa 3 bis 4 Kilometer breit. Mit einiger Enttäuschung finde ich auch in diesem Winkel Industrieanlagen vor: Auf der anderen Seite der Bucht dringt mit großem Druck pechschwarzer Qualm aus drei Öffnungen, die dicht über dem Erdboden zu liegen scheinen. Die Menschen hier nehmen dies wohl alles sehr gelassen hin. Auch als durch irgendeine Luftströmung eine Riesenwolke des finsteren Rauches über das Wasser zu uns herüberzieht und plötzlich den ganzen Hügel einhüllt, gerät niemand in Panikstimmung. Wenig später löst sich der alles verbergende Qualm auf und zieht weiter.

Ich betrachte mir den Strand nun genauer. Obwohl mir das Wasser nicht so dreckig erscheint wie erwartet, sehe ich niemenden baden; es scheint kein einziger Mensch auch nur daran zu denken.

Da entdecke ich etwas, was mich zunehmend bestürzt macht: An einem Riesenaquarium in Strandnähe ist ein wissenschaftlicher Assistent mit umfangreichen Messungen der Wasserqualität beschäftigt. Er liest Instrumente ab und macht Notizen. Im leicht dunstigen Wasser des Glasbehälters gedeihen großblättrige Wasserpflanzen in drallem Grün. Mir wird allmählich klar, was auch hier gespielt wird: Zeitverschwendende und völlig sinnlose Ursachenforschung unter dem Deckmantel scheinbarer Gewissenhaftigkeit wird als lebenserhaltende Therapie vorgetäuscht, um die eigentlich notwendigen Maßnahmen zu verschleiern.

Das freundliche Nahverkehrskuriosum könnte als ein Hinweis dafür betrachtet werden, daß auch auf einer jenseitigen Scheinweltebene durchaus positive Denkprozesse in Gang kommen und umsetzbar sein können, auch wenn sie nur einen an geistigen Maßstäben gemessenen bescheidenen Zuwachs an echter Lebensqualität erbringen. Dennoch offenbart sich dabei etwas sehr wesentliches: das zaghafte allmähliche Erwachen eines Geistes zu einem höheren Bewußtsein.

Eine nicht genauer datierte AKE-Erfahrung (etwa 1982/83) hatte ich anläßlich eines Besuches bei Freunden in einer Kleinstadt Süddeutschlands. Das Erlebnis dürfte ein Beweis dafür sein, daß der Astralwanderer auch innerhalb einer autoskopischen Exkursion Einblicke in die äußere Zukunft seiner materiellen Umgebung gewinnen kann:

Spät in der Nacht bemerke ich nach einer Körperumdrehung das bekannte Ziehen in der Physis, welches mir eine Lockerung des Zweitkörpers signalisiert. Nach Verstärkung meiner Willenskräfte gelingt mir durch ein sanftes, aber stetes Herausschälen aus dem materiellen Körper eine völlige Abspaltung des Astralkörpers. Es zieht mich nach meiner Gewohnheit gleich zum Fenster, von wo ich zufrieden über meinen gelungenen Austritt auf die menschenleere Straße hinabsehe. Ich erkenne die gewohnte leichte Biegung der Straße und sehe auch sonst alles an seinem vertrauten Platz. Aber was soll die Reihe der Straßenbäume, die im rechten Längsdrittel parallel dem Straßenverlauf folgen? Dies macht mich ratlos, weil mir die Straße als baumlos und zudem nicht als verkehrsberuhigte Zone bekannt ist. Nach einigen Sekunden verwunderten Staunens kehre ich in den Körper zurück und schlafe wieder ein.

Etwa ein knappes Jahr nach dieser Exkursion war ich wieder zu Besuch bei jenen Freunden und erlebte gleich nach der Ankunft eine überraschende Klärung meines damaligen Astralausfluges: Die besagte Straße war in eine Fußgängerzone mit reduziertem Anliegerverkehr umgewandelt worden. Eine lange Reihe von allerdings noch kleinen Bäumen zierte das erwähnte Längsdrittel und gab der Straße das alleenartige Aussehen, wie es die nächtliche Vision vermittelt hatte. Gegenwärtig (1987) haben die Bäume etwa zwei Drittel der astral geschauten Höhe erreicht. Ich versichere ausdrücklich, daß mir von einer bevorstehenden Straßenbepflanzung und entsprechenden städteplanerischen Absichten vorher nicht das Geringste bekannt gewesen war.

(12. November 1983) An diesem Morgen wird mir kurz vor dem Erwachen eine wunderbar tröstende Vision zuteil. Während ich eine menschenleere Allee durchwandere, betrachte ich zu meiner Linken Bäume, deren verkümmertes Blattwerk meine Aufmerksamkeit erregt. Der schlanke und hohe Wuchs der Bäume weist sie als Pappeln aus, aber die Form der Blätter erinnert mehr an Baumgewächse des Mittelmeerraumes. Je weiter ich die Allee durchschreite, desto spärlicher wird das Blattwerk von Baum zu Baum. Durch das Geäst der letzten Bäume, vor denen ich stehen bleibe, schimmern nur noch hier und da einige kümmerliche Blattgrünreste.

Mein Blick fällt auf den Horizont hinter den Hügeln. Ein sanftes Glimmen beginnt dort den Himmel zu erleuchten, und ein beglückendes Wärmegefühl durchpulst gleichzeitig meinen Körper. Dieses Glücksempfinden steigert sich rasch bis zu einer unbeschreiblichen Intensität, deren Erlebnisreichtum jenseits alles Vergleichbaren liegt. In diesem Wonnetaumel der Empfindungen wird es mir zur ekstatischen Gewißheit, daß am Ende aller selbstverschuldeten Menschheitskatastrophen der Überdruß am materiellen Wachstumswahn einen neuen Menschen hervorbringen wird, dessen geistige Bedürfnisse ihn endlich reif werden lassen für die den ganzen Kosmos durchströmende Liebe der Gottheit.

Unterbewußtes Wissen der geistverbundenen Seele kann sich als visionäre Vorausschau dramatischer Ereignisse gleichzeitig mit den selbstschöpferisch aktiv werdenden Sehnsüchten der Psyche vermischen. Die hier geschilderte Vision bekommt einen besonderen Akzent durch die Tatsache, daß zwei Personen zur gleichen Zeit fast übereinstimmende Bilder empfangen hatten (16. April 1984):

Als Zuschauer gerate ich in den frühen Morgenstunden dieses Tages in ein gräßliches Traumgeschehen. Ich befinde mich inmitten einer Art weiträumigen Bahnhofsvorhalle, in der überall Tote und Verletzte herumliegen. Der Grad der Verzweiflung hat eine Atmosphäre von unerträglicher Schwüle erzeugt. Nach Luft ringend strebe ich einer Seitentüre zu und gelange ins Freie. Draußen erfaßt mich eine glühende Sehnsucht nach einem unbekannten Land ohne Leid und Trauer. Vibrationen, die mir ein Vorgefühl von Seligkeit vermitteln, erfassen mich mit Macht und tragen mich zu einem hellglänzenden Flugkörper, der auf mich zu warten scheint. Über einen flüchtigen Gedanken darüber, daß ich ja gar kein Gepäck habe, muß ich lächeln und bemerke gleichzeitig, daß meine Reise inzwischen längst begonnen hat und auch schon das Ziel erreicht ist. Der Flugkörper ist auf einer strahlenden Lichtinsel gelandet, deren weiträumiges Innere dem Auge eine prachtvolle Landschaft darbietet. Überall da, wo mein Blick auf einem der zahlreichen bewaldeten Hügel und Berge verweilt, tritt auch augenblicklich alles nah vor meine Augen. Ich bin beglückt über die Schönheit und Vielfalt der Blüten und Blätter, deren Farben wie aus reinem Licht gewirkt scheinen. Auf einer um einen Hügel gewundenen Straße mische ich mich unter eine Schar staunender Besucher und fühle, wie sich mir die Begeisterung eines jeden einzelnen potenziert mitteilt.

An einer Wegbiegung machen wir halt. Vor uns liegt in einer bezaubernden Talmulde eine Stadt, deren Türme und Dächer in reinem Gold glänzen, eingewoben in einen farbenglühenden Teppich blühender Bäume und Wiesenmatten. Nach einem ekstatischen Crescendo meiner Empfindungen erwache ich herzklopfend buchstäblich „außer mir", was ich deutlich durch die Astralstarre des Körpers bemerke.

Was hätte wohl näher gelegen, als sich nach einem solchen Erlebnis einem beruhigenden Schlaf zu überlassen? Aber ich wollte noch einmal bewußt aus dem Körper aussteigen, bevor die Beweglichkeit der physischen Glieder durch die völlige Rückkehr des Zweitkörpers wieder eintreten würde. So rolle ich ohne Schwierigkeiten nach links aus der Physis heraus und durchdringe mühelos die Wand. Neben dem vertrauten Notenständer im Nachbarzimmer stehend, bemerke ich einen plötzlichen Wechsel meiner Schwingungsebene: Unser Sohn Andreas, etwa 2-3jährig, läuft mir strahlend in die Arme, und ich umfasse ihn glücklich. Als ich ihn wieder auf seine Beine stelle, erscheint er augenblicklich im Alter von 5-6 Jahren. Das mir unerklärliche Auftauchen einer grießgrämigen Alten lenkt mich so ab, daß ich erwachend in den Körper zurückkehre.

Meine Frau teilte mir am folgenden Morgen aufgeregt einen Traum mit, in dem auch sie sich in einer Art Bahnhofs- oder Flughafenhalle der gleichen schrecklichen Situation wie ich gegenübergesehen hatte. War dieses parallel von uns beiden erlebte Traumgeschehen möglicherweise eine ASW-Vorausinformation über den einige Tage später verübten Terroranschlag auf dem Londoner Flughafen Heathrow? Ich möchte dies als sicher betrachten.

Hier wird meines Erachtens sehr deutlich, wie eine verzweifelte Seelenstimmung die Sehnsüchte nach der wahren Heimat des Menschengeistes so stark wecken kann, daß ganz zwangsläufig eine unvermittelte Einigung zwischen Seele und Geist eintritt. In diesem Zustand sind sogar Einblicke in paradiesische Existenzbereiche möglich. Die Psyche benutzt hierfür unter Umständen auch Komponenten aus ganz anderen Bereichen. Hier war es der auf mich wartende Flugkörper, der aus dem unterbewußten, präkognitiven Wissen der Seele um die bevorstehenden schrecklichen Ereignisse auf dem Londoner Flughafen abberufen wurde, um als transzendierender Faktor der Sehnsucht nach Frieden und Geborgenheit tätig zu werden.

Der Besuch der Paradiessphäre hatte zudem die Seele so freudig erregt, daß nach der Wiedervereinigung von Physis und Astralkörper der letztere sich kurz darauf noch ein zweitesmal ohne große Mühe abspalten konnte.

Die nächste Vision präsentiert in kurioser Weise die Psyche als einen heiterunbeschwerten Lehrmeister ihres Oberbewußtseins. Die Information selbst ist eine banale. Aber beachten Sie einmal, wie kurz und bündig sie übermittelt wird (7. September 1984):

In den frühen Stunden des Tages reißen mich unvermutete Geräusche aus dem Schlaf. Meine Frau ist bereits aufgestanden und im ganzen Haus geht es offensichtlich schon sehr geschäftig zu: Schritte sind zu hören, Türen gehen, Worte werden gewechselt. Ich blinzele mit den Augen und wundere mich über das dämmrige Licht im Zimmer. Ich schätze, daß es doch spätestens erst 7 Uhr sein könne. Da erscheint ein Ziffernblatt vor meinen geistigen Augen in der Größe einer Kirchturmuhr. Die Zeiger stehen exakt auf 8.17 Uhr. Sofort fahre ich hoch und greife nach meiner Armbanduhr. Sie zeigt genau 8.17 Uhr an.

Aus dem Schlaf abrupt mit den Geräuschen der Alltagswirklichkeit konfrontiert, waren die feinen Wahrnehmungssinne des mit unterbewußtem Wissen ausgestatteten Feinstoffkörpers noch aktiv und reichten informativ in die Aufwachphase hinein. Das erscheinende Zifferblatt als Antwort war wie ein aufglimmendes Signal vor dem Erlöschen.

Das nun folgend geschilderte Hellhörerlebnis vom 1. Oktober 1985 aktualisiert mittels nur weniger hellgehörter Worte die Notwendigkeit der Seelenvergeistigung durch Überwindung des Egos, wenn der Mensch ein Bürger des Reiches Gottes werden will:

Gegen 7.30 Uhr gleite ich in die Phase zwischen Schlaf und allmählichem Erwachen, in der, wie die Erfahrung immer wieder lehrt, die feineren Sinne noch fähig sind, Verborgenes aufzunehmen. Da höre ich in mir deutlich ausgesprochen die Worte: „Du wirst ganz allein bei M i r fertig!" Die Stimme klingt warm moduliert und hat nicht im mindesten den monotonen Charakter einer Roboterstimme, wie sie mir von früheren Hellhörerlebnissen her bekannt ist.

Den ganzen Tag sinne ich über diese Worte nach, deren überwältigender Sinn mir in der nachfolgenden Zeit immer bedeutungsvoller und klarer erscheint. Hatte der Geist Gottes zu mir gesprochen?

Diejenigen Leser, welche das Phänomen Außerkörperlichkeit und das gesamte Gebiet der ASW rein physiologisch im Sinne von irgendwelchen Gehirnfunktionen eingegrenzt sehen möchten, sollten spätestens diesen Abschnitt besser übergehen. Ich selbst fühle mich mit allen ernsthaften Exkursionisten einer Meinung darüber, daß eine solche Eingrenzung der Qualität der Ereignisse in keinem Punkt gerecht werden kann. Die Selbsterfahrung lehrt, daß bereits das Verlassen der grobstofflichen Funktionshülle als ein mystischer Vorgang empfunden wird. Der Erlebnisreichweite dessen, was dann im weiteren Verlauf folgen kann, sind kaum Grenzen gesetzt bis hin zu Aspekten kurz aufblitzender allwissenheitsähnlicher Erleuchtung durch die Informationskanäle Hellsehen, Hellhören, Hellfühlen. Wer die scheinbare Banalität plötzlich auftauchender verschlüsselter Symbolbilder durchschaut hat, erkennt sich bald mitten im re-ligiösen Bereich stehend.

Das hier geschilderte Hellhörerlebnis bildete für mich einen Kulminationspunkt einer überwältigenden Erfahrung: Nach dem Studium einiger neuprophetischer Schriften, deren mediale Verfasser das sich bereits längst abzeichnende Ende des umweltzerstörenden Industriezeitalters einhergehen sehen mit dem gleichzeitig vermehrten Wiederauftauchen visionärer Fähigkeiten wie inneres Hellhören, entschloß ich mich, einen solchen Kreis medialer Menschen aufzusuchen.

Die Ernsthaftigkeit dieser äußerlich unscheinbaren Menschen, die in liebevoller Demut und Gottergebenheit in die tönenden Tiefen ihres Unterbewußten hineinlauschen, hat mich tief beeindruckt und letztlich auch überzeugt. Ich mußte unwillkürlich an die Urchristengemeinden denken, die vor fast 2000 Jahren in ähnlicher Weise Botschaften der Gottheit empfingen und übermittelten - bis schließlich die verweltlichende Institutionalisierung mittels eines verabsolutierenden geistlichen Beamtentums jene Gaben mehr und mehr zum Erlöschen brachten. Beginnt sich nun der Kreis zu schließen angesichts der Zeichen unserer Zeit?

Die Kundgaben, welche jene Menschen gedankenhellhörend durchgeben, münden in die selbsterkenntnisbezogene Aufforderung, auf Distanz zu gehen zu den neuzeitlich raffiniert getarnten Anreizen dieser Welt und ihren fragwürdigen Versprechungen einer äußerlich sicherbaren Zukunft mit ewigen Wachstumsraten äußerer Prosperität, ohne Rücksicht auf die wahren, noch weitgehend unerkannten Bedürfnisse des Menschen. Die selbstlose Hinwendung zum Mitmenschen, die Unantastbarkeit seines Tier- und Pflanzenwelt umfassenden Lebensraumes samt den Elementen Luft und Wasser sowie die Liebe zum alles durchdringenden Schöpferallgeist sollen und werden die Kultur des neuen Zeitalters, der Wassermann-Epoche, kennzeichnen.

Der gebildete Weltverstand mag sich leicht stoßen an der äußeren sprachlichen Ungeschliffenheit eines Satzes wie der von mir innerlich vernommene. Kern der Botschaft aber läßt sich dadurch keinesfalls schmälern: Unangefochten bleibt die Substanz der Aufforderung - die Sprache unserer Innenwelt wird sich nie an unsere äußeren Gepflogenheiten gebunden fühlen.

Die Begegnung mit jenem Kreis medialer Menschen rief im nahen zeitlichen Ausstrahlungsbereich dieses Kontaktes ein Aufbrechen der gleichen latenten Fähigkeit in mir hervor, eine von vielen Fähigkeiten, die in uns allen verborgen liegen, und die in einer mitmenschlich gestalteten Zukunft auf diesem Planeten stärker hervortreten werden.

Tiefgründiger Humor und geradezu chaplineske Komik sind die hervorstechendsten Merkmale einer luziden Traumvision, in der ich bereits während des Erlebens von Lachkrämpfen geschüttelt wurde, auch deshalb, weil mir schon beim zuschauenden Miterleben der tiefere Sinn dieser Lektion klar wurde (Anfang Januar 1985):

Ich befinde mich als Zuschauer an einem idyllischen Badesee. Es ist geradezu ein Bilderbuch-Sommertag: Ein sanftes Lüftchen kräuselt zart die Wellen des klaren Gewässers, welches von kleinen Felsgruppen und lauschigen Strandnischen umgeben ist. Ringsum ist sonntäglicher Friede, vibriert flimmernde Sonnenwärme und melodische Vogelstimmen erhöhen wonnig die feiertägliche Stille. Einige bravbürgerliche Besucher haben im Hochgefühl dieser Stimmung Bade- und Picknickzubehör vor sich auf Dekken ausgebreitet. Jedermann übt sich in andachtsvollem Schweigen, um die Harmonie dieses Tages nicht zu stören. Nur hier und da höre ich gedämpfte Stimmen, die wie im zarten Wettbewerb zum süßen Vogelgesang zu treten scheinen.

Da bricht die Katastrophe herein: Unter Geheul und Getöse nähert sich aus der Ferne eine Gruppe Motorradfahrer, und so zerreißt unvermittelt die feierliche Stille dieser Idylle. Rührend hilflos kreuzen sich die betretenen Blicke der Badegäste. Ich sehe enttäuschte Gesichter und säuerliche Mienen. Nun kommt mein erster Lachanfall: Wie auf ein einziges Kommando hin springen sämtliche Besucher fast gleichzeitig ins Wasser und tauchen sofort unter. Während unter Motorengeheul die ersten Rocker eintreffen, reizt mich die nunmehr fast spiegelglatte Wasserfläche zu einem erneuten, fast schmerzlich empfundenen Lachanfall, denn ich weiß ja, daß unter dem trügerisch ruhigen Spiegel des Sees die braven Bürger weggetaucht sind, um auf ihre Art die Situation zu „entschärfen". Der Anführer der Gruppe hat sich inzwischen seine Kluft vom Leibe gerissen und steht bereits auf einer Felsspitze. Mit einem kühnen Sprung hechtet er ins Wasser, um Maßstäbe zu setzen für seine Mannen. Was jetzt aber folgt, treibt mich erneut in einen Taumel orgiastischer Heiterkeit: Die untergetauchten Badebesucher stieben durch die Wasseroberfläche nach aufwärts und springen wie aufgescheuchte Frösche auseinander, als der Motorradheld in das aufspritzende Wasser eintaucht.

Die Lektion dieser Szene ist wohl eindeutig: Der Mensch neigt in seiner selbstzufriedenen Beschaulichkeit leicht dazu, vor Außenseitern der Gesellschaft die Vorhänge zuzuziehen. Lieber weggucken, wegtauchen, als sich der

Mühe einer fruchtbaren Auseinandersetzung zu unterziehen. Aber was hilft's schließlich? Letztlich werden die Ausgegrenzten uns erst recht auf den Köpfen herumtanzen, wie das Beispiel drastisch vorführte.

Chronologisch eingefügt folgt nun die Beschreibung eines Lehrexempels, dessen Erfahrung die desolate Situation der verirrten Menschenseele im Käfig ihres Egos vor Augen führt. Es zeigt in dramatischer Weise, wie leicht die Welt mit ihren Reizen die erwachende Seelensehnsucht nach ihrer wahren Heimat übertölpeln kann in einer schwachen Stunde. Es begegnen uns übrigens auch hier wiederum Aspekte einer versteckten Ironie (Mitte Januar 1985):

Ich befinde mich in einem Eisenbahnzug, und zwar im ersten Wagen auf einer der früher üblichen offenen Plattformen stehend. Offensichtlich wird der Zug von der Lokomotive am Zugende geschoben, denn ich blicke in Fahrtrichtung auf den auf mich zugleitenden Gleiskörper. Dahinter tauchen grünende Hügel, bewaldete Berge auf, und die blühende, immer reizvoller werdende Landschaft steigert mehr und mehr meine ohnehin schon hohe Stimmungslage. Ich weiß, daß ich unterwegs bin nach einem mir noch unbekannten wunderbaren Land irgendwo im Süden, nach dahin, wo ich immer schon einmal sein wollte. Da macht der Zug auf einem Bahnhof halt und ich nutze die Gelegenheit, mir auf dem Bahnsteig etwas die Füße zu vertreten. Mein Blick streift wohlgefällig über die Wagenreihe des Zuges, der mich in das Land meiner Sehnsüchte bringen soll. Als ich mich jedoch wenig später wieder umsehe, ist der Zug bereits weggefahren. In meiner maßlosen Verzweiflung flehe ich einen Bahnbeamten an, doch sofort die nächste Bahnstation anzutelefonieren: Der Zug möge dort warten, bis ich mit einem Taxi nachgekommen bin. Der Beamte reagiert mürrisch und macht überhaupt kein Hehl aus seinem Unverständnis über mein ungewöhnliches Ansinnen. Schließlich sagt er doch zu, demonstriert aber durch überträges Reagieren weiterhin seinen Unwillen über mein Anliegen. Das macht mich fast wahnsinnig. Weiß er nicht selbst, daß in einem solchen Fall jede Sekunde kostbar ist? Vielleicht nähert sich der Zug inzwischen bereits der nächsten Bahnstation?! Meine Reue, ausgestiegen zu sein, wird mir zur unerträglichen Pein. Ich will den Beamten mit fortreißen zum Diensttelefon, sehe aber plötzlich statt seiner Person eine junge Frau vor mir, die ein etwa 6jähriges Kind mit sich führt. Diese scheint endlich meine Sorge ernst zu nehmen, und ich darf in ihr Auto zusteigen. Sie verspricht mir, die nächste Bahnstation anzusteuern. Fiebernd und bangend sitze ich an ihrer Seite. Als sie, durch das Städtchen fahrend, Umwege macht und schließlich vor einem Kaufhaus anhält, um noch etwas wichtiges zu besorgen, überwältigt mich erneut Verzweiflung und die damit wachsende Überzeugung, daß wir den Zug nicht mehr erreichen werden. Die Frau wirkt zunehmend unbeteiligt, schlendert zu allem Überfluß auch noch ziellos durch die Warenabteilungen und bestellt sich schließlich in der Cafeteria sogar noch eine Tasse Kaffee. Die ganze Zeit begleite ich sie, beschwörend, bittend, drängend, letztendlich aber doch zermürbt und resignierend. Gezwungenermaßen nehme ich Platz und fühle ihr gegenübersitzend traurig die Sehnsucht nach meinem fernen Reiseziel mehr und mehr ersterben. Ich betrachte mir die Frau jetzt genauer und finde, daß sie eigentlich ganz hübsch sei. In Gedanken streichele ich ih-

re weichen und runden Arme. Sie faßt mich ins Auge und bemerkt in einer Art sonderbarer Zerstreutheit, daß ich sie doch ruhig einmal besuchen solle. Dieses ansonsten so reizvolle Signal wirkt jetzt jedoch auf mich so unpersönlich, so beiläufig, daß es mich nicht weiter animiert. Im Gegenteil, ich kann die Betrübnis darüber, etwas unwiederbringlich erscheinendes verloren zu haben, nicht überwinden und kehre in dieser Stimmung in das Wachbewußtsein zurück.

Das leichtfertige Verlassen des Zuges, das Städtchen samt Kaufhaus, die junge Frau - all dies steht unzweideutig stellvertretend für die Anreize der Welt und ihres egomitprägenden Machteinflusses auf die irrende Menschenseele. Wer einen „Traum" wie diesen als belanglos und nichtssagend einordnet, verkennt die Botschaften des Geistes schlechthin.

Die vorübergehende Berührung der Seele mit ihrem Geist enthüllt im nachfolgend berichteten Erlebnis ein grandioses Panorama geschichtlicher und religionsgeschichtlicher Kettenreaktionen: Die zum Zwecke der Machtfestigung betriebene Verabsolutierung christlicher Ideen führt reglementierend zur geistigen Unfreiheit des Menschen und stört damit das geistig-ökologische Gleichgewicht im harmonischen Zusammenwirken der Völkergemeinschaften. Die Folgen können sogar kontinentale Katastrophen sein, wie sie die prophetische Traumvision andeutet (9. Februar 1985):

Vor einem großen See stehend, blicke ich in nördlicher Richtung auf eine ebene und weite Landschaft. Den Blick auf den Wasserspiegel zurücklenkend erhalte ich eine telepathische Mitteilung: Sie besagt, daß dieses Gewässer nur einen einzigen Fisch beherberge. Da kommt er tatsächlich herbeigeschwommen und ich betrachte ihn nachdenklich. Auch eine große Meeresschildkröte paddelt elegant vorbei und zieht eine Wasserfurche hinter sich her. Noch während ich irritiert darüber nachsinne, wie eine Meeresschildkröte in ein Inlandgewässer kommen kann, wird mein Blick wieder unvermittelt vom nördlichen Horizont angezogen. Erschreckend gewahre ich dort eine unübersehbar lange Flutwelle, die wie eine hohe Mauer auf mich zurollt. In einiger Entfernung von mir tauchen mein verstorbener Vater, meine Mutter, meine Frau und unser jüngster Sohn Markus auf. Keiner von uns wird angesichts der heranrollenden Wasserwand von Panik ergriffen. Wir wenden uns in die Gegenrichtung und ersteigen ein hügeliges Gelände. Eine innere Stimme sagt mir, daß dieser Hügel die Mathildenhöhe in Darmstadt sei. Etwa auf halber Höhe der Erhebung erfaßt uns die erste Flutwelle und spült uns hinauf auf den Scheitelpunkt des Hügels. Plötzlich vor einem tempelähnlichen Bau stehend, trete ich sogleich in den Innenhof desselben. Es zieht mich mit Gewalt die Stufen hinauf zum Hauptportal. Ich fühle, daß in den Räumlichkeiten dahinter Wesenheiten sind, die mir Aufklärung über das Geschehen geben können. Auf der obersten Stufe angekommen, entdecke ich einen außen steckenden riesigen Schlüssel von etwa 30 cm Länge im Schloß des Portals. Mir wird klar, daß ich mir selbst die Tür aufschließen muß, und so tue ich es auch augenblicklich. Über einen kurzen Gang gelange ich zur Außenveranda, von wo ich nach Norden hin hinabschauen kann auf die alles bedekkenden und bedrängenden Wasserfluten. Da bemerke ich links von mir an der Außen-

wand eine hohe Gestalt stehend, welche unbewegt wie eine Statue hinausschaut auf das sich ausbreitende Meer. Diese Wesenheit, die mir wie ein Erzengel erscheint, frage ich nun nach der Ursache dieser Katastrophe und deute dabei mit langausgestrecktem Arm über die Brüstung hinaus. „Das kommt alles vom Aachener Dom!" lautet die knappe und bestimmte Antwort, der keine weitere Erklärung mehr folgt. Da ich eine ehrfürchtige Scheu verspüre, weitere Fragen zu stellen, entferne ich mich einige Schritte. Hinabschauend gewahre ich panisch fliehende Menschen wie auch etliche organisierte Bemühungen, das Geschehen unter Kontrolle zu bringen. Mit dieser Schlußszene endet die Vision.

Man muß etwas weiter ausholen, um aus der stark verschlüsselten Antwort der Erzengelgestalt auch nur ein wenig klug zu werden. Sofern das Geschehen eine materielle Flutkatastrophe anzeigte, so würde diese Vorausschau der Ereignisse mit den Prophezeiungen etlicher Neuzeitpropheten übereinstimmen, welche besagen, daß teils durch Ansteigen der Nordmeere teils durch Verschiebung der Erdachse eine partielle Überflutung Nordeuropas eintreten wird oder kann. Betroffen wären nach den übereinstimmenden Schauungen all jener Visionäre vor allem große Küstenabschnitte Englands, Dänemarks, Norwegens und die norddeutsche Tiefebene. Der Rhein käme als natürlicher Kanal für einen Teilexport der Nordüberflutung deshalb in Betracht, weil er den gesamten Mittelgebirgsgürtel in südlicher Richtung durchbricht und dadurch eine Überflutung des Rheintals bis etwa Freiburg erfolgen könnte unter natürlicher Rückhaltung des größeren Teils der Wassermassen im Rhein-Main-Becken (Darmstadt!). Dafür spräche auch die in der Vision aufgetauchte Seeschildkröte als ein versteckter Hinweis auf Meereswasser. Der Fisch dagegen gilt als ein christliches Ursymbol; dieses steht in der Überlieferung sogar für Jesus und seine Lehre. Der von mir am Beginn der Vision gesichtete einzige (oder letzte) Fisch im Gewässer kann aber durchaus auch als Metapher für das zu Ende gehende Fischezeitalter verstanden werden. Die Flutwelle selbst könnte dann ebensogut das hereinbrechende Wassermannzeitalter symbolisieren, eine Katastrophe für alle dem Geistigen abgeneigten Seelen. Doch auch eine andere geistige Deutung ist denkbar: Die Überschwemmung des modernen Menschen mit Ideologien aller Art läßt die Psyche „Land unter" melden und leitet ihre wahren Bedürfnisse und Sehnsüchte in falsche Bahnen. Pompejianische Mentalität macht sich breit und damit auch eine ganz spezifische Art einer rein veräußerlichten Überlebensflucht in die Perspektivlosigkeit des Augenblicks.

Erst einige Tage nach diesem visionären Erlebnis begann ich den Sinn der mir mitgeteilten rätselhaften Worte allmählich zu erfassen. Beim Studium der Geschichte Aachens und der Bedeutung der Reichsstadt unter Karl dem Großen wurde es mir nun vollends klar, was die erzengelhafte Wesenheit mit ihrer lapidaren Antwort aussagen wollte: Mit der Erbauung der Kaiserpfalz samt Dom in Aachen sanktionierte Karl der Große seinen Anspruch, das Christentum seiner Wunschvorstellung gemäß mit Gewalt zu verbreiten. Ein altbekanntes Beispiel für diese Sünde wider den Heiligen Schöpferallgeist ist die schonungslose Unterwerfung der Sachsen und ihres Führers Widukind als ein Vergehen gegen die gottgewollte Willensfreiheit des Menschen. In allen eroberten Gebieten führte Karl der Große zudem eine umfassende kirchliche Organisation ein, welche über zahlreiche Klöster und Domschulen das öffentliche Leben den Zwängen der machtbefugten Geistlichkeit unterwarf. Die Folgen jener dann jahrhundertelang mehr oder weniger erfolgreich getätigten Bemühungen, Religion über Gesetzgebung zu verstaatlichen, reichen bis in unsere Zeit, richten sich allerdings jetzt gegen ihre Verursacher selbst.

Auch die mit großem Pomp in regelmäßigem Turnus zelebrierte Reliquienverehrung im Aachener Dom gehört zu den Randerscheinungen einer völlig veräußerlichten Religiosität, die nicht nur theosophisch Eingeweihte als größtes heidnisches Spektakel in Europa empfinden. Sicher aber steht dieser Aspekt nicht im geistigen Mittelpunkt der mir gegebenen Antwort. Fest steht für mich jedenfalls, daß diese bedeutungstiefe Antwort als ein Synonym zu verstehen ist für all das, was der Lehre Jesu durch Gewalt angetan worden ist und was schließlich auch dazu geführt hat, daß der konfessionalisierte Mensch die Gestalt und das Wirken Jesu leider immer noch weitgehend mit der hierarchisch erstarrten Institution Amtskirche identifiziert. Erst jetzt, an der Schwelle des neuen Zeitalters, beginnt sich die Bedeutung der jesuanischen Mission aus diesem pastoralen Mantel herauszuschälen.

Als ich am Morgen des 9. Februar das nächtlich Erlebte in Stichworten zu Papier brachte, fiel mir beim Erwähnen der Erzengelgestalt ein bernsteinfarbenes Steinchen neben den Kugelschreiber auf das Papier. Man darf dieses kleine Materialisationsphänomen durchaus als eine nachträgliche Bestätigung der Realität des Erlebten betrachten. Bernsteine überdies findet man bekanntlich in Meeren. Verstorbene nutzen gern luzide Träume und außerkörperliches Bewußtsein eines Angehörigen, um sich ihnen über die aktiven Feinsinnesorgane im Schlaf sicht- und mitteilbar zu machen. Dies trifft auch offensichtlich in einer Begegnung mit meinem Onkel Josef M. vom 11. Februar 1985 zu:

Im Profil erkenne ich meinen verstorbenen Onkel auf seinem gewohnten Platz in der Küche seines Elternhauses in B. sitzend. Auch seine noch diesseits lebende älteste Schwester ist, Hausarbeiten verrichtend, im gleichen Raum anwesend. Sein Schweigen auf meine Fragen nach seinen ersten Jenseitserfahrungen macht mich ungeduldig, da ich die Chance nutzen möchte, bevor sie schnell wieder vorüber ist. Da wird mir klar, daß er nicht reden will, solange seine Schwester in der Küche ist (sie glaubt, obwohl katholische Christin, nicht an das Fortleben nach dem Tode). Endlich aber verläßt sie den Raum, und ich frage dringend: „Bitte sage mir doch, wie du hinübergekommen bist!" Ohne Zögern antwortet er: „Ich kam zuerst nach Hagen und bekam wie alle Katholiken zuerst einmal Brot und Milch." Kurz darauf wird er wieder wortkarger, steht schließlich auf und verschwindet über das Mittelzimmer durch die Ladentür des früheren elterlichen Gemischtwarenladens, ohne sich noch einmal umzusehen.

Die Stadt Hagen könnte als geistiger Erstaufnahmeort für völlig kirchlich gebundene katholische Abgeschiedene zu verstehen sein, die entsprechungsweise mit Brot (Synonym für Worte des Lebens) und Milch (Aufbaunahrung für die noch befangene Seele) die erste geistige Vollwertkost zu sich nehmen. Für eine solche Annahme gibt es auch ähnliche Beispiele in der Neuoffenbarungsüberlieferung durch Jakob Lorber.

Sollte ich den Namen der Stadt Hagen falsch verstanden haben, käme vielleicht auch die elsässische alte Reichsstadt und Kaiserpfalz Hagenau in Betracht, besonders dann, wenn man den Ortsnamen französisch ausspricht. Im ersten Weltkrieg kam mein Onkel auch mit jener Gegend in Berührung.

Bedrängnisse, wie sie sich durch orwellstaatähnliche Entwicklungen ergeben könnten, sind die wesentlichsten Komponenten des nachfolgend berichteten Traumgeschehens. Möglicherweise enthüllt es auch Aspekte einer neuzeitlichen vorübergehenden Christenverfolgung durch die Institutionen des sich hartnäckig wehrenden alten Systems (24. März 1985):

Als Zuschauer bewundere ich einen tarzanähnlichen Naturburschen, der sich listenreich seinen Verfolgern entzieht. Ich erkenne die Szene als Metapher für die Flucht vor den institutionellen Machtinhabern. Plötzlich aber bin ich selbst Mitglied einer kleinen fliehenden Gruppe. Wir gelangen in einen endlos lang erscheinenden Tunnel mit einer Lichtöffnung an seinem fernen Ende. Als wir dort schließlich ankommen, erweist sich das Tunnelende als ein von mehreren Personen bewohnter Raum. Die besagte Lichtöffnung jedoch ist lediglich ein altes Kirchenfenster. Um keine Zeit zu verlieren, schlage ich kurz entschlossen eine körperdurchlässige Scheibenfläche ein und wir klettern nacheinander hinaus ins Freie; wir entfernen uns schnell, da Passanten aufmerksam werden.

An dieser Stelle verändert sich die Szene, als sei ein Stück der Handlung herausgeschnitten worden. Ich befinde mich nun unter einer kleinen Verschwörergruppe, welche gerade die Beseitigung des schlafenden Diktators beschlossen hat. Für die Ausführung des Planes hat sich bereits ein Freiwilliger gefunden. Kurz darauf aber zwingt mich dieser unter vorgehaltener Pistole, den Auftrag zu übernehmen und händigt mir für den technischen Ablauf eine Schußwaffe und etliche Giftgasampullen für den „Notfall" aus. Da erwacht der Diktator und wir alle werden festgenommen. Durch einen unterirdischen Gang werden wir zur schnellen Aburteilung geführt. Beiderseits befinden sich in gotischen Nischen beichtstuhlähnliche Kabinette mit der Aufschrift der dort tätigen Feldrichter, wie ich mutmaße. Am Ende des Ganges überqueren wir ein unter freiem Himmel liegendes Straßenstück. Hier nutze ich die Gelegenheit, meinen Leidensgenossen das Entfliehen per Flug zu empfehlen und demonstriere dies den staunend Zuschauenden durch eine Flucht per Senkrechtstart in einen sicheren Bereich.

Die Außerkörperlichkeit dieses Erlebnisses erscheint durch meinen „Abflug" hinreichend sicher (Flugträume gelten als zweifelfreies Symptom für einen abgespaltenen Astralkörper). Das Erlebte selbst ist vollgespickt mit metaphorischer Bildersymbolik: Das ferne Licht am Tunnelende ist noch nicht die Freiheit; zuerst muß das Fensterglas eingeschlagen werden. Die Bewohner des

Tunnelendes fassen das durchs Kirchenfensterglas einfallende Licht wohl bereits als Zeichen ihres Freiseins auf. Wir hätten uns unter sie mischen können und wären dann möglicherweise nicht behelligt worden. Vielleicht war der am Tunnelende liegende, durch ein Kirchenfenster erhellte Raum aber auch ein Refugiumssymbol für verfolgte Minderheiten (Christen?).

Die agressive Energie des schlafenden Diktators wurde erst durch unser verschwörerisches Vorhaben virulent. Die gotisch umrahmten Beichtstühle könnten auch als überlebte Sinnbilder einer richtenden Gottheit interpretiert werden.

(29. März 1985) Kurz vor dem Erwachen denke ich über prophetische Kundgaben nach und den möglichen Zeitpunkt ihrer Erfüllung. Da erscheint vor meinen geistigen Augen ein halbgeleerter Spaghettiteller.

Das Bild besagt wohl, daß wir nicht unbedingt alles auslöffeln müssen, was durch die Prophetie angesagt ist. Möglicherweise wird uns durch eine Wendung unseres Verhaltens der „Rest" erlassen.

(5. April 1985) Zwischen Schlafen und Erwachen erfaßt mich eine ungestüme Freude über die Gewißheit und Realität jenseitiger Daseinsebenen. Es ist offenbar ein seelisches Nachvibrieren über einen besonders beseligenden geistigen Kontakt, der wohl vorher stattgefunden, sich aber dem Oberbewußtsein nicht eingeprägt hat. Ich werde dafür mit einer wundervollen Lichtvision entschädigt: Um mich herum sprüht ein Feuerkranz farbenleuchtender Funken.

(Anfang Juni 1985) In zwei verschiedenen luziden Traumgeschehen erfaßt mich, in einer weiten Landschaft verweilend, eine tiefe Liebe zu einer irgendwo in der Ferne wartenden Persönlichkeit. Immer deutlicher fühle ich, daß es Jesus ist und erkenne zerknirscht und wehmütig die noch große Distanz zwischen ihm und mir.

(30. Juni 1985) Beim geistigen Durchwandern eines Waldes, der größtenteils abgestorben und verschlissen wirkt, erfüllt mich ein reines, vorher noch nie erlebtes liebedurchdrungenes Mitleidsempfinden mit der mißhandelten Schöpfung, unserer Mutter. Ich spüre auch ein Gefühl der Mitschuld, welches mir im wachen Oberbewußtsein völlig mangelt. Gleichzeitig fehlen völlig Gefühle des Unmuts und des Zornes gegenüber anderen Verursachern wie auch sonst gewohnte Anwandlungen von Selbstgerechtigkeit.

Eine außerkörperliche Exkursion in die Zukunft, die mir letztlich aber doch im wesentlichen verschlossen bleiben sollte, dokumentiert folgende Erfahrung (2. Juli 1985):

Gegen Morgen dieses Tages verlasse ich mit äußerst klarem Bewußtsein die Physis und durchdringe nach dem zweiten Versuch mühelos das Fenster. Draußen wechselt sofort die Schwingungsebene, und ich sehe mich augenblicklich einer mir unbekannten Althausfassade mit mehreren Stockwerken gegenüber. Ich beschließe einen Test zu machen und kehre noch einmal in das Zimmer zurück. Aber auch diese Räumlichkeit erkenne ich nun als eine mir fremde und so starte ich schnell entschlossen zur endgültigen Erkundung des Stadtviertels nach draußen. Ein Gefühl sagt mir deutlich, daß ich mich in einer zukünftigen Zeit befinde. Eine besondere Erregung bemächtigt sich meiner; ich nehme mir fest vor, die Jahreszahl herauszubekommen, bevor ich in den Körper zurückkehre. Keiner der mir begegnenden Menschen jedoch ist bereit, meine diesbezüglichen Fragen zu beantworten. Sogar unmutige Blicke begegnen mir, die mein Ansinnen als offensichtliche Anmaßung zu disqualifizieren scheinen oder als gar geistige Verwirrtheit. Schließlich zähle ich sämtliche Jahreszahlen von 1986 bis 1999 langsam auf mit der Bitte, bei der zutreffenden Zahl eine kopfnickende Bestätigung zu geben. Ein Passant hört daraufhin wohl auch zu mit der schwachen Andeutung eines symbolischen Nickens, aber mein Gefühl sagt mir, daß er mich sicher nur los sein möchte. Da fällt mein Blick auf einen Zeitungskiosk in der Nähe. Freudig und triumphierend eile ich darauf zu, überzeugt, der Lösung nun endlich nahe zu sein. Aber wie soll ich meine Bestürzung beschreiben, als ich überall an der Stelle, wo unter dem Zeitungstitel gewöhnlich das Datum vermerkt ist, unbedrucktes Papier erblicke! Keine der Titelschlagzeilen erscheint mir zudem einprägenswert und nach dem Überfliegen sämtlicher angebotener Zeitungstitel fällt mir immerhin klar auf, daß nur Blätter, die südlich der Mainlinie erscheinen, vertreten sind. Darunter kann ich am klarsten die „Süddeutsche Zeitung" ins Oberbewußtsein hinüberbringen. Unter den fehlenden Blättern glänzt auch ein hinlänglich bekanntes Boulevardblatt durch wohltuende Abwesenheit.

Unweit von diesem Kiosk diskutiert ein Mann von auffallender Größe mit einer Frau über die Neuoffenbarungsliteratur, denn ich höre den Namen des Mystikerpropheten Jakob Lorber ganz deutlich im Gespräch auftauchen. Noch einmal wage ich hier meine Frage nach der von mir frequentierten Jahreszahl zu stellen. Aber nur andeutungsweise, ohne sein Gespräch mit der Frau abzubrechen, wendet sich der Mann, der mir den Eindruck eines Anthroposophen macht, mir zu. Doch selbst meine ausdrückliche Bitte, daß mir wegen meines bloß kurzbefristeten außerkörperlichen Zustandes an einer raschen Klärung meiner Frage sehr viel gelegen ist, ändert nichts an der so rätselhaften eisernen Zurückhaltung meiner Ansprechpartner.

Enttäuscht verlasse ich diesen Winkel und beschaue mir die umliegenden Gebäude etwas näher. An den Fassaden entdecke ich unübersehbare Anzeichen von Verfall. Die Spuren der Zerstörung zeugen weniger von Gewalt, als von völligem Mangel an Pflege. Es scheinen hierfür tatsächlich keine Mittel vorhanden zu sein, und so fühle ich mich irgendwie an die ersten Nachkriegsjahre nach 1945 zurückerinnert. Zerzauste Bäume stehen im düsteren Licht. In einem rührend ärmlichen Straßencafé erklärt mir eine Frau schließlich nach längerem Zaudern, daß ich mich im Jahre 1985 befände. Ich weiß, daß es nicht die Wahrheit ist, nach der i c h suche, und fühle mich leicht verhöhnt. Resignierend denke ich an den schlafenden Körper und empfinde unverzüglich die Rückkehr in denselben.

Unverkennbar erscheint mir der Sinn der Lektion, welcher aus dieser Erfahrung spricht: Auch wenn die Seele via Astralkörper Einblicke in Zukünftiges erhält, ist damit noch nicht gesagt, daß ihr alles enthüllt wird, was die vorwiegend im Ego verwurzelte Wißbegierde zu erfahren wünscht. Es kann auch nicht im Interesse göttlicher Absichten liegen, dem Menschen allzu detaillierte Einblicke in kommende Ereignisse zu gewähren, die zu sehr seine Willensentscheidungsfreiheit aus dem Gleichgewicht bringen könnten. Dennoch ergeben sich aus der Exkursion einige interessante Aspekte. So ruft das Fehlen sämtlicher Zeitungen nördlich der Mainlinie im Aushang des Kiosk noch einmal meine Flutvision vom 9. Februar lebhaft in Erinnerung. Es wäre durchaus möglich, daß zwischen den beiden Erlebnissen eine innere Verbindung besteht. Eine angenommene nordatlantische Flutwelle, die teilweise über das Rheintal von Norden in das Rhein-Main-Becken nach Süden gepreßt wird, würde sich dort mit Sicherheit verlaufen und durch die relativ hohen Mittelgebirgszüge südlich des Maines völlig abgewehrt werden. Dennoch muß die stumme Botschaft des Zeitungskioskes nicht unbedingt als ein unerschütterlicher Hinweis auf eine künftige totale Unbewohnbarkeit des norddeutschen Raumes aufgefaßt werden - trotz ähnlicher Visionen des norwegischen Eismeerfischers Johansson. Die Symbolik des Bildes könnte auch eine Metapher für den im großen und ganzen noch intakteren Süden sein.

Zu meinem Erstaunen hörte ich später, daß verschiedene Menschen etwa zur gleichen Zeit ähnliche Visionen über einen Flutstillstand an den nordwestlichen Flanken des Odenwaldes im Raum Darmstadt erlebt hatten.

(9. Juli 1985) Im Traum unterhält sich mein verstorbener Vater mit mir lebhaft über geistige Dinge und seinen derzeitigen Wirkungskreis. Wir sitzen uns in einem begrünten Biergarten gegenüber. Leider bleiben keine Einzelheiten des Gespräches in meinem Oberbewußtsein haften.

In der nachfolgend wiedergegebenen Begegnung mit meinem Vater verdeutlicht dieser in humorig-origineller Weise, daß er in der geistigen Welt nun in eine andere Seinsebene umgezogen ist. Er benutzt ein Sammeltaxi als symbolisches Bild seines vorübergehenden Aufenthaltes in der Gemeinschaft mit gleichentwickelten Seelen und wählt die Stadt London als Schauplatz, um sich damit offenbar auf meine transkommunikativen Erfahrungen zu beziehen, die ich durch die Vermittlung englischer spiritualistischer Medien dort erstmals gemacht hatte (10. Juli 1985):

Der Handlungsablauf der Traumbotschaft beginnt damit, daß mein Vater mit meiner Frau und mir in einem Londoner Taxi unterwegs ist. Es ist aber kein gewöhnliches Taxi: Im hinteren großen Fahrgästebereich sitzen mit uns ein gutes Dutzend Passagiere auf insgesamt 3 tribünenartig ansteigenden Sitzreihen ohne Überdachung. Auf der obersten Sitzbank sitzt mein Vater ganz alleine und läßt sich mit heiterer Miene den Fahrtwind um die Ohren wehen. Aus Besorgnis, er könne sich da oben erkälten, wirft ihm meine Frau einen Mantel nach oben. Ich selbst habe mehr darum Angst, er könne in einer zu scharfen Kurve herabpurzeln. Zwischendurch hält das Taxi und die Fahrgäste wechseln. Als ich nach einem weiteren Halt mich nach meinem Vater umdrehe, bemerke ich erschrocken, daß sein Platz da oben leer ist. Wir sehen ihn dann am Straßenrand stehend entschwinden, uns freundlich nachwinkend.

Einen besonderen Sinn vermag ich in einem Erlebnis, in dessen Verlauf ich offensichtlich als astralreisender Tourist einen planetarischen Trip absolvierte, nicht zu erkennen. Aber soll man andererseits in jeder nächtlichen Erfahrung dieser Art einen verborgenen Sinn wittern?

Schließlich ist es noch so gut wie unerforscht, wie und an welchem Punkt die selbstschöpferischen Kräfte der Psyche sich spontan selbständig machen (19. September 1985):

Wie etwa in „Gullivers Reisen" beschrieben, finde ich mich in ähnlicher Weise als Winzling auf riesigen Mauern und Treppenabsätzen spazierend und kletternd. Letztere sind aus meiner Sicht Terrassen, die ich nur durch waghalsige Sprünge überwinden kann. Ich befinde mich in einer offenbar sehr alten Stadt mit interessanten baulichen Sehenswürdigkeiten. Fasziniert blicke ich an Fassaden alter Patrizierhäuser hinauf, deren Giebel wie Kathedralentürme in schwindelnde Höhen hineinragen. Auf einem Mauerabsatz stehend, schaue ich auf eine Straße hinunter und gewahre eine Gruppe staunender Besucher, die offenbar als Touristen durch die Stadt streifen. Da ich ebenfalls die Stadt erkunden will, muß ich meinen Platz verlassen und so gelingt es mir auch nach einiger Mühe hinabzugelangen. Als Liliputaner mische ich mich, scheinbar unbemerkt, unter die Besucher und bleibe mit ihnen an einem freien Platz vor umgestürzten antiken Säulen und stuckplastischen Bruchstücken eines alten Portals stehen. Mit Befremden bemerke ich nun, daß einige Touristen sich ganz unbefangen abgebrochene Teile herumliegenden baulichen Kleinzierrats in die Reisetasche stopfen, während eine Autoritätsperson, nach meinem Gefühl der Bürgermeister, teilnahmslos zuschaut.

(29. September und 20. Oktober 1985): Ein ekstatisches Glücksempfinden göttlicher Gegenwart facht die Sehnsucht der geistberührten Seele nach ihrem Urvater zu einem ungeheueren Feuer an. Hielte dieser unbeschreibliche Zustand nur etwas länger an, müßte das Ego vor der Zeit in Flammen aufgehen. Das zweite Erlebnis bringt sogar noch eine Steigerung in drei Phasen, innerhalb derer ich mich so völlig von Ihm angenommen fühle, daß ich heftig schluchzend und weinend erwache.

In der nachfolgend berichteten Traumbotschaft bedient sich mein Vater des Bildes einer Fußgängerpassage, um einen vollzogenen oder bevorstehenden jenseitigen Ebenenwechsel anzuzeigen. Gleichzeitig benutzt er die Begegnung zu einem Gespräch (28. Oktober 1985):

Eine Fußgängerpassage durchquerend, erkenne ich freudig meinen an einer Hausekke wartenden Vater, im Alter von etwa 35 Jahren erscheinend (er verstarb im 80. Lebensjahr). Während ich seinem Gesicht so nahe komme, daß ich jede Einzelheit in aller Klarheit erkennen kann, frage ich ihn, wie und wo er jetzt lebe. Mit Worten, die Zufriedenheit, aber doch auch zugleich Sehnsucht nach noch höherer Glückseligkeit verraten, schildert er sein derzeitiges Heim, welches er in einem schönen Garten bewohne.

„...mit Blumenduft und Vogelgesang" ergänze ich schwärmerisch, und er nickt lächelnd. Das Paradies, sage ich ihm, sei noch nicht die letzte Stufe der Glückseligkeit. Diese erreiche man nur in der liebevollen Helfertätigkeit des Heimbringens der verlorenen Töchter und Söhne in das Vaterhaus des großen Liebegeistes, wodurch erst man mit diesem in innige Gemeinschaft gelangen kann. Mein Vater zeigt sich überwältigt von

diesen Worten, die er dem Sinn gemäß freudig fragend wiederholt und mir damit auch sein verborgenes höheres Sehnen und Hoffen enthüllt.

Hier geschieht etwas völlig Unerwartetes. Mitten in meiner glücklichen Stimmung tauchen aus meinem Ego zweifelnde Gedanken über die Realität des wunderbar Erlebten auf und transferieren mich postwendend in eine niedrigere Schwingungsebene. Triumphierend nähern sich boshafte Wesenheiten, die ich schließlich im Namen Jesu erfolgreich bannen kann. Es gelingt mir dennoch eine nochmalige transkommunikative Kontaktaufnahme zu meinem Vater. Dieses Mal taucht er auf einem Sofa sitzend und etwas älter aussehend auf. Ich knüpfe an unser erstes Gespräch an und er erinnert sich auch an alles, wirkt aber offenbar durch meine vorherigen Selbstzweifel in seinem Hoffen und Sehnen leider etwas abgeschwächt. Wenig später erwache ich mit warm durchpulsenden Empfindungen des Demütig-geworden-seins, welche wie ein selbsttätig sprechendes Gebet mein Bewußtsein erfüllen.

Zwischen Oktober 1985 und dem gegenwärtigen Zeitpunkt dieser Niederschrift (Herbst 1987) erlebte ich zehn ekstatische Bewußtseinszustände, die mir nach dem Erwachen erinnerbar geblieben waren durch die äußeren Bilder, mit denen sie sich verbunden hatten. Dieser geistige Mechanismus ist dem Vorgang des Auskristallisierens gut vergleichbar: Auch letzteres benötigt dazu transformative Substanz zur Ausgestaltung. Nach Swedenborgs Entsprechungslehre haben alle Erscheinungen in der natürlichen Welt eine geistige Parallelbedeutung. Präziser ausgedrückt heißt dies, daß alles Sichtbare im natürlich-physischen Bereich einschließlich des vom Menschengeist ersonnenen nicht realisierbar wäre ohne die formativ wirkende verborgene geistige Urbedeutung der äußeren Erscheinlichkeit. Nehmen wir einen Sonnenaufgang als Beispiel. Er stellt eine hohe sinnbildliche Entsprechung für geistigen Aufbruch dar, für perspektivische Öffnung zum Positiven, Kostruktiven. Ein Sonnenuntergang wiederum birgt als bildlicher Vorgang andere Aspekte des Geistigen, wie Ressümee, besonnenes Abwägen, Nachdenken, Kräfte sammeln usw. Es liegt auf der Hand, daß die im Schlaf episodisch geistverbundene Seele eine besondere Aufnahmefähigkeit besitzt für die geistigen Urbedeutungen der ihr sichtbaren Erscheinlichkeiten, auch wenn es ihr über eine geheimnisvolle Ahnung hinaus nicht möglich ist, den verborgenen innergesetzlichen Zusammenhang zu durchschauen. So erlebte ich in luziden Träumen ekstatische Gefühlsausbrüche und Liebesaufwallungen nicht nur beim innigen Betrachten von Seerosen, von herrlich gewachsenen Bäumen und von Sonnenlicht durchglühtem maigrünem Blattwerk, sondern auch beim Bewundern leuchtend grünschillernder moosbewachsener Felsen in der Mitte eines Flusses und ähnlicher Dinge. Auch solch scheinbar banale Objekte wie ein Mansardenfenster oder ein Küchenschrank traten durch den reinen Vorgang der traumluziden Betrachtung als auslösender Impuls für einen überwältigenden Gefühlsausbruch und sich freimachender Seelensehnsüchte in Erscheinung. - Warum auch sollte die äußere Erscheinlichkeit eines heimeligen Mansardenfensters oder eines Küchenschrankes keine geistige Bedeutungssubstanz besitzen? Ist das Bild des Küchenschrankes nicht auch ein rührendes Symbol für den geistigen Aspekt der Ordnung und der alltäglichen Disziplin der Seele?

Bei solchen Vorgängen kommt sich der reine „Kopfverstand", wie ihn der inspirierte Mystiker Lorber schlicht und treffend bezeichnet, wie ein dummer Schuljunge vor. Er ahnt wirklich nichts vom schöpferischen Gefühlsreichtum der Seele. Ein zeitgenössischer schweizer Aphoristiker sagt es in einem originellen Epigramm mit seinen Worten trefflich: „Gefühl ist alles - das bringt mich noch um den Verstand!"

(25. Dezember 1985) Wieder einmal blendet sich mein verstorbener Vater in einen luziden Traum ein, in dessen Verlauf er mit mir durch einen originellen Einfall in Verbindung tritt: Er läßt mich ans Telefon rufen und bejaht innerhalb eines kurzen Gespräches frohgemut meine Frage, ob er inzwischen einen weiteren geistigen Fortschritt gemacht habe. „Ich habe aber ganz unten anfangen müssen" ergänzt er schließlich rückblickend, bevor wir uns verabschieden.

Mediale Menschen berichten häufig davon, daß sie verstorbene Angehörige als Schutzgeister um sich fühlen und gelegentlich sogar sehend oder hörend wahrnehmen. Unser 1980 verunglückter ältester Sohn Andreas signalisierte mir in der Vision einer Katastrophe und durch sein rettendes Einwirken wohl seine Funktion als fürsorglich tätiger Schutzgeist der Familie (1. Februar 1986):

Mit meiner Frau auf einem weinbergähnlichen Hanggelände stehend, sehen wir mit Schrecken vom Tal her Wasserfluten bergwärts drängen. Wir waren im Begriff, in die Berglandschaft jenseits des Tales hinüberzuwandern und beobachten jetzt ratlos die bedrohliche Entwicklung. Da bemerken wir unweit unseren Sohn Andreas, wie er eifrig damit beschäftigt ist, Schutzmauern zu errichten. Er blickt freundlich einladend zu uns herüber und wir betreten zuversichtlich den schmalen Raum zwischen zwei fertiggestellten Schutzwällen. Da setzt plötzlich mit ohrenbetäubendem Getöse ein nicht enden wollender Steinlawinenhagel von den Bergen oberhalb unseres Hanggeländes ein und überrollt große Teile des Gebietes um uns herum. Wir wagen einen Blick ins Tal hinunter und sehen gegen alle Gesetze der Physik die Felstrümmer auf der gegenüberliegenden Talseite den Berg unaufhaltsam hinaufrollen. Jetzt gewahre ich in der Nähe auch meine bereits erwähnte Tante. Sie steht mit mehreren anderen Personen unbeeindruckt unter einer gefährlichen Felsenrinne, als berührte sie das ganze Geschehen nicht im mindesten.

In diesem verschlüsselten Bild sind mehrere Aussagen enthalten wie Kerne in einem Apfel: Unser Sohn errichtet *zwei* Schutzmauern, noch bevor wir die Gefahr von unserer Bergseite her erkannt hatten. Daß die Bedrängnis von beiden Seiten droht, erscheint hierbei als sehr beachtenswerter Aspekt, wobei Wasser und Felsen Bedrohungen aus verschiedenen geistigen Richtungen zu symbolisieren scheinen. Das Aufwärtsrollen der Felsbrocken schließlich deutet darauf hin, daß sich die Ereignisse der kommenden Zeit nicht mehr mit den Erfahrungsmaßstäben des herkömmlich Gewohnten messen lassen werden und unser vertrautes physikalisches Weltbild komplett kopfstehen wird.

WASSER = UB.
FELS = B.

HINAUF = BEWUSSTWERDUNG

(10. Februar 1986) Ohne Zuhilfenahme irgendwelcher Ablösetechniken gelingt mir in der Nacht zweimal eine Abspaltung des Astralkörpers nach willentlich herbeigeführter Beschleunigung des Vibrationszustandes. Draußen wundere ich mich darüber, im Zweitkörper die Kälte genauso zu empfinden, als sei ich physisch präsent. Die erste Exkursion bleibt autoskopisch und ist nur von kurzer Dauer. Die gleich nach der Rückkehr in den Körper erfolgende zweite Abspaltung mündet in einen luziden Traum.

(12. Februar 1986) Am Morgen erwache ich mit geschlossenen Augen und fühle, wie so oft, eine gewisse Unzufriedenheit über die Diskrepanz zwischen der Realität des nächtlich Erlebten und der häufig so unzureichenden Fähigkeit des Erinnerns desselben. Da erscheint mir als Vision die Gestalt eines auf Stelzen schreitenden Mannes, dessen Gesicht von der Morgensonne angestrahlt wird.

Dieses Bild könnte man durchaus als Spiegel meiner Ungeduld interpretieren: Die Stelzen dienen als künstliche Leiter, um die Wartezeit zum ersehnten Sonnenaufgang zu verkürzen - ein groteskes Bild allerdings, wenn man bedenkt, daß nur einige lächerliche Sekunden gewonnen werden. Oder sind die Stelzen vielmehr als kurioses Symbol dafür zu verstehen, daß mir zur lückenlosen Erinnerung und vollen Erfassung des nächtlich Erfahrenen ohnehin nur wenig fehlt - wenn ich nur genügend Geduld habe, die Morgensonne zu erwarten?

(27. April 1986) In der nächtlich erlebten Traumvision werde ich zwischen den Fronten kriegerischer Straßenschlachtkontrahenten hin und her getrieben. Es kostet mich große Mühe, einer Handlungsbeteiligung auszuweichen. Nach einer Weile betrachte ich, plötzlich hoch über der Szene schwebend, das Geschehen mit großer Gelassenheit aus der Vogelperspektive und bemerke dabei, wie der gesamte turbulente Schauplatz von allmählich ansteigenden Meeresfluten bedeckt wird.

Das Bild hat eine präzise Aussage: Die kommenden Turbulenzen mit ihren anarchistischen Begleiterscheinungen sollen uns nicht zu irgendeiner äußeren Parteiergreifung verführen, da nur ein übergeordnetes Geschehen das Chaos menschlicher Konfliktlösungsbemühungen dauerhaft beenden kann und wird. Viel ratsamer ist es, sich rechtzeitig für die rettenden Ströme spiritueller Energien zu öffnen, welche nach dem Wissen der Eingeweihten dem geistig aufgeschlossenen Teil der Menschheit vorbehalten sein werden.

In einem Traum erhält meine Frau eine ganz bestimmte Mitteilung unseres Sohnes durch die Wahl eines symbolischen Bildes und einer verschlüsselten Aussage (18. Juni 1986):

Sie erkennt Andreas in einer Dachbodenräumlichkeit. Er sitzt mit dem Rücken zu ihr gekehrt, an einem Webstuhl arbeitend. Sich seiner Mutter freundlich grüßend zuwendend, sagt er dann: „Ich komme mit deinem Taschengeld nicht mehr aus!"

Mit dieser Aussage will unser Sohn wohl verdeutlichen, daß er sich zwar bisher geistig auch an seiner Mutter mitorientieren konnte, nun aber, um weiter fortschreiten zu können, noch auf anderes spirituelles Kapital angewiesen ist. Auch der Umstand, daß er sich arbeitend mit dem Rücken zu ihr gekehrt zeigt,

MUTTER = UB.

OBEN = DACH = B.

ist ein Hinweis auf sein Fortbewegungsbedürfnis. Die Dachbodenklause ist sowohl als Symbol für geistiges Streben als auch für liebevolles Beschützen denkbar.

So unfaßbar es auch erscheinen mag: Sehr viele Verstorbene bemerken nach ihrem physischen Tod für eine geraume Zeit noch nicht, daß sie die irdische Schwingungsebene verlassen haben. Es sind vorwiegend Menschen, die sich mit geistigen Dingen niemals beschäftigt hatten und das leise Anklopfen ihres unterbewußten Fühlens und Wissens stets als Anklänge schwärmerischer Phantasie verwarfen. Nach ihrem irdischen Tod gestaltet sich selbsttätig aus dem irdisch-materiellen Erfahrungsschatz ihres Egos eine astrale Scheinwelt, in die sie bei zunehmendem Erinnerungsvermögen sogar ihre irdisch Hinterbliebenen als astrale Scheinfiguren hineinzuprojizieren vermögen. Sie können aber zuweilen ebenso mit dem wandelnden Zweitkörper lebender Erdenbewohner in Verbindung treten. Auch Swedenborg, dessen visionäre Fähigkeiten Goethe sehr beeindruckten und in dessen Faust ihren prägenden Niederschlag fanden, berichtet viel ähnliches darüber.

(10. September 1986) Ähnlich wie im außerkörperlichen Erlebnis vom 4. November 1983 sehe ich mich plötzlich in eine seltsame Landschaft versetzt. Es ist kaum Vegetation vorhanden. Hinter einem teils noch zugefrorenen Bergsee zu meinen Füßen steigen schneebedeckte Berge bis schätzungsweise 4000 m empor. Mit Lobesworten höre ich eine in der Nähe weilende Besucherin die eisige Pracht bewundern, während ich gleichzeitig erstaunt bin über eine unweit der Berggiganten gelegene Großstadt, deren Silhouette sich in ca. 15 km Entfernung darbietet. Als herausragende Punkte dieser Skyline treten baulich ähnelnde Wahrzeichen von Frankfurt wie auch München in Erscheinung. Ich brauche nicht lange zu überlegen, um zu wissen, daß mindestens in Europa keine Großstadt solchen Ausmaßes in der unmittelbaren Nähe solch hoher Berge existiert. Bei dem Beschauen der näheren Umgebung meines Standortes entdecke ich ein Lebensmittelgeschäft, welches in einem schutzhüttenartigen Haus untergebracht ist, ähnlich, wie man dies in den Alpen auf Paßhöhen gelegentlich vorfindet. Ich betrete das Geschäft und frage eine Angestellte nach dem Namen der mir so rätselhaften Großstadt, gleichzeitig in deren Richtung deutend. Da trifft mich ein stummer Blick, und matte Augen, die wie blind oder tot durch mich hindurchzuschauen scheinen, lassen mich erschaudern. Eine andere Angestellte, die jedoch nicht zu mir hinblickt, beantwortet stellvertretend meine Frage mit den tonlosen Worten: „Einen guten Gang machen".

Es sollte gerade diese merkwürdige Antwort als eine entscheidende Aussage zur Klärung der erlebten Situation und berührten Ebene betrachtet werden: Die Bewohner einer nachtodlichen Scheinwelt haben, wenn überhaupt, nur ein dumpfes Erinnerungsvermögen. Die ideoplastisch gestaltete Zwischenebene ist lediglich eine Emanation der Weltseele bei paradoxerweise gleichzeitigem vorübergehendem Erinnerungsverlust an die körperliche Vorexistenz (ebenso wenig können wir uns an die zahlreichen Stufen unserer seelisch-geistigen Vorexistenzen erinnern, deren Beschreibung gewiß Bände füllen könnte). Für die Bewohner einer astralen Scheinlandschaft haben wohl weder Berge noch Städte einen Namen; wie sollten diejenigen, welche den Sinn einer Namensgebung vergessen haben, schließlich einen neuen Namen erfinden? Unter diesen trüben Umständen erscheint die hier mir gegebene Antwort: „Einen guten Gang machen" bereits geradezu als eine Erleuchtung. Aber was besagt sie schließlich wirklich? Doch wohl nichts anderes, als daß auch eine astrale Stadt auf die Trabantengeister ihres geographischen Umkreises geheimnisvolle Anziehungskräfte ausübt. Sie fühlen, daß sie dort etwas lernen können; die urbane Geistergemeinschaft scheint ihnen, den Peripheren, doch schon etwas entscheidendes voraus zu haben. Dort als Besucher zu erscheinen, heißt wahrlich „einen guten Gang machen".

(23. September 1986) In einer Traumvision der späten Nacht befinde ich mich in der ersten Sitzreihe eines Kirchenschiffes sitzend. Besucher strömen in den Dom, in welchem ein festliches Hochamt gefeiert werden soll. Überrascht stelle ich fest, daß im vorderen Raum des Kirchenschiffes statt des Altars ein riesiger gotischer Turm in das Gewölbe hinaufragt. Würdenträger im Ornat tauchen auf und formieren sich wie auf einem Exerzierplatz. Schließlich erscheint ein Prediger auf einem Balkon des Turmes und eröffnet eine feierliche Rede, von der ich kein einziges Wort behalte oder behalten will, da ich mich jetzt reumütig weit fort wünsche. Dennoch scheue ich mich, vor allen Augen die feierliche Versammlung zu verlassen und bleibe mißmutig sitzen. In nervöser Ungeduld rutsche ich auf meinem Sitz hin und her, die Beine mal übereinander schlagend, mal ausgestreckt. Aber seltsam: Gleichgültig, welche Sitzposition ich während der Predigt auch einnehme, sie endet zwangsläufig jedesmal in einer sofagemäßen bequemen Liegestellung, ähnlich wie sie die Verwandlungsmöglichkeiten eines modernen Zahnarztsessels vermittelt.

Der Unmut über meine gesamte Situation wandelt sich allmählich in Betrübnis über die offensichtliche Unfähigkeit der Gemeinde, das Wunderbare der göttlichen Liebe und Wahrheit in sich selbst finden zu können. Als mich darüber heftiges Schluchzen ergreift und schüttelt, befinde ich mich unversehens in einer Art Seitenkapelle, wo eine Taufzeremonie stattfindet. Mit dieser Szene endet das Erlebte.

Der hochaufragende Turm im Innenraum der Kathedrale versinnbildlicht wohl den dogmatischen Hochmut der Institution, deren Lehren durch die Veräußerlichung des göttlichen Wortes den Geist verdrängt haben, und es damit den Kirchengläubigen zu leicht machen: Man braucht nur zuzuhören und zu akzeptieren, hinterfragen ist damit überflüssig. Die Bilder von Gott sind doch längst fertig - warum sich noch eigene machen? In meiner Vision wurde der von mir besetzte Kirchenstuhl in seiner geheimnisvollen Anpassungsfähigkeit zum Bequemlichkeitssymbol der Glaubenslethargie.

In einfachen Bildern bekunden verstorbene Familienangehörige auch ihren Willen und ihre Fähigkeit, bei Problemlösungen behilflich zu sein (30. Oktober 1986):

Ich bin wandernd unterwegs. Mehr und mehr spüre ich einen beengenden Druck an den Füßen und stelle fest, daß dies von zu eng geschnürten und zudem hoffnungslos dicht verknoteten Schuhbändern herrührt. Da taucht wortlos, jedoch gütig lächelnd mein Vater auf. Er beugt sich nieder und löst die Verknotungen ohne Schwierigkeiten.

In der nachfolgend geschilderten außerkörperlichen Exkursion wird meinem noch sehr von äußerer Sinneslust beherrschtem Ego eine drastische Lektion erteilt. Obwohl ich mich am Ende als blamiertes Opfer sehe, kehre ich, durch den zynischen Humor der Situation überzeugend belehrt, unter schüttelndem Lachen in den Wachzustand zurück (10. Dezember 1986):

Nach fast unmerklichem Verlassen der Physis finde ich mich bäuchlings in einem Bett liegend. Am Kopfende des Bettes haben zwei rundliche ältere Damen auf einem Tischchen eine Käsetorte serviert (ich mag Käsetorten) und einiges Wahrsagezubehör wie Karten und Pendel ausgebreitet. Ich schaue ihnen mit aufverschränkten Armen gestütztem Kopf neugierig zu, aus ihrem geheimnisvollen Getuschel nicht klug werdend. Dabei habe ich das Gefühl, als würde der zugedeckte Teil meines Körpers so schwer und träge wie Blei. Diese Empfindungen werden jedoch völlig verscheucht durch das Eintreten eines wunderschönen Mädchens. Ganz stumm vor Entzücken schaue ich zu, wie dieses herrliche Wesen nun von der links sitzenden Dame behutsam und zärtlich entkleidet wird. Der ganze Vorgang ist als kultische Handlung ein hochsubtiles erotisches Zeremoniell, welches mein Herz immer höher schlagen läßt. Nun endlich kann ich die völlig enthüllte Gestalt bewundern. Welch vollendete Formen, welch ein wunderbarer Bronzeton der Haut! Mit einer anmutigen Kopfbewegung wendet sich die himmlische Maid nun mir zu. Aber anstatt ihren liebevollen Blick erst mal ausgiebig und zärtlich zu erwidern, schlage ich in tölpelhafter Ungeduld einladend die Bettdecke zurück. Doch welch ein Schrecken erfaßt mich! Südlich des Nabels sehe ich mich durch eine Art Bretterverschlag zugenagelt in meine Schranken verwiesen. Halbtot vor Verlegenheit frage ich die beiden ältlichen Damen „Welchen Tag haben wir heute?" und erhalte nach einigem Tuscheln die richtige Antwort: „Mittwoch" (ich wußte dies wirklich nicht während meiner Frage). Mehr und mehr aber erkenne ich die außerordentliche Komik meiner Situation und ihre Hintergrundbedeutung, so daß ich schließlich herzlich lachend in das Wachbewußtsein zurückkehre.

Vielleicht hätte Freud souverän eine andere Bedeutung meiner bedauernswerten Lage konstruiert, sie etwa für den Ausdruck einer latenten Furcht gehalten, den leidenschaftlichen Erwartungen der anderen Seite nicht gerecht werden zu können und ähnlich Gescheites. Doch machten die Psychoanalytiker nicht allgemein einen entscheidenden Fehler, wenn sie das Unterbewußte mehr als einen passiven Spiegel, denn als schöpferischen Lehrmeister betrachteten?

Es steht außer Frage, daß viele unserer Träume schlichtweg nur die Ängste unseres weltgebundenen Egos widerspiegeln, wie dieser (25. Dezember 1986):

In einem gebirgigen Waldgebiet stehe ich auf dem Bahnsteig einer kleinen und abgelegenen Bahnstation. Außer einem Bediensteten, der lässig auf und ab geht, sehe ich sonst niemanden weit und breit. Ein Kurzzug mir nur wenigen Waggons steht wie zur Abfahrt bereit, jedoch ohne Lokomotive. Mir wird plötzlich klar, daß ich von hier aus als wohl alleiniger Fahrgast eine Reise anzutreten habe. Da die talwärts verlaufende Gleisstrecke abschüssig und kurvenreich ist, prüfe ich nun mißtrauisch, Wagen für Wagen den Zug abschreitend, sämtliche sichtbaren Teile der Bremsanlagen. Der Bedienstete schaut teilnahmslos zu und signalisiert nun durch sein Einsteigen, daß der Zug in Kürze abfahren werde. Ich folge nach und erlebe, wie sich der Zug durch bloßes Lösen der Bremsen in Bewegung setzt. Nun beginnt eine wahre Höllenfahrt. Die Situation wird durch vermehrt auftauchende Kurven bei gleichzeitig steigender Geschwindigkeit immer bedrohlicher. Der irgendwo in einem der Waggons sich aufhaltende Bahnbedienstete scheint seine Aufgabe, wenigstens vor Kurven abzubremsen, nicht wichtig zu nehmen. Aus dem Fenster in Fahrtrichtung blickend, bemerke ich eine besonders enge Kurve auf den Zug zukommen und weiß, daß wir sie nicht heil überstehen werden können. Hastig stürze ich auf die Plattform und drehe die dort angebrachte Bremskurbel mit äußerster Anstrengung fest. Ganz knapp vor der gefährlichen Kurve kommt der Wahnsinnszug endlich zum Stehen.

Natürlich könnte man den passiven Bahnbediensteten auch als die Personifizierung unseres Verdrängungsmechanismusses angesichts der programmierten Katastrophe interpretieren - ein sehr zeitgemäßes Bild.

(31. Dezember 1986) Ich miterlebe einen besonderen Festakt in einem historischen Museum. Ein Kommitee hat einer Gruppe von Besuchern, unter denen auch ich mich befinde, eine Preisaufgabe gestellt: Es sollen alte Kultgegenstände von täuschend imitierten unterschieden werden. Sorgfältig prüfe und sortiere ich einiges, darunter ein goldenes Zierschwert mit winziger Namensgravur an einer Griffkante. Man spricht mir den ersten Preis zu, den ich in Gestalt eines türkisfarbenen Edelsteines entgegennehme. Durch eine Ungeschicklichkeit fällt er mir jedoch zu Boden, und ich muß ihn lange und angestrengt suchen, bis er sich endlich wieder auffinden läßt. Ich tauche ihn in ein kultisches Gefäß, welches eine geheimnisvolle Flüssigkeit enthält. Dampf steigt auf und eine Schlange züngelt über den Rand des Gefäßes. Mit dieser Szene endet die Traumvision.

Eine üppige Bildersymbolik kennzeichnet diese Vision, die C.G.Jung sicher als eine Fundgrube für seine Archetypenlehre betrachtet hätte. Da aber das Unterbewußte nicht nur ein Spiegel des Kosmischen ist, sondern vielmehr noch das individuell-selbstschöpferische Potential der Anima repräsentiert, muß man den Boden der herkömmlichen Psychoanalyse völlig verlassen, um die Bildersprache des Geistigen verstehen zu lernen. Warum sollten wir die göttliche Herkunft unseres Unterbewußten anonymisieren?

Das Komitee, welches die Preisaufgabe gestellt hatte, versinnbildlicht wohl nichts weniger, als die von Gott an die Menschen ergangene Auftragserteilung, auf der Bühne des Alltagslebens den liebevollen Umgang mit Mitmensch und Schöpfung zu pflegen, hin zu finden zum Ursprung der göttlichen Wahrheit und zur Erkenntnisfähigkeit derselben. Das goldene Zierschwert, welches mir vor allen anderen Gegenständen in Erinnerung blieb, gilt wohl als Symbol der geistigen Auseinandersetzung und ist gleichzeitig ein Zeichen für „die Scheidung der Geister". Die geforderte Unterscheidung des Wahren vom Falschen durch die Sichtung der Imitationen erinnert gleichnishaft an die biblische Warnung vor den Verführern unserer Endzeitepoche: „Es wird heißen: Hier ist Christus - dort ist Christus.." Der mir verliehene Preis in Gestalt eines Edelsteines symbolisiert die Wahrheit. Aber diese herrliche Gabe erweist sich als Vorschußleistung, denn ich verliere sie wieder und muß sie unter großer Mühe und Geduld neu finden. Damit wird gezeigt, daß unser geistiger Weg ein Prozeß des Wachsens und Reifens ist, dem substanziell nicht vorgegriffen werden kann. Das Wiederauffinden des Steines am Ende dieses Weges und die Aufbewahrung in dem kultischen Gefäß entspricht als Akt der Bedeutung, das endgültig als wahr erkannte in geistiges Eigentum verinnerlichend zu überführen. Der aufsteigende Dampf aus der den Stein bewahrenden Flüssigkeit ist wohl ein Bild der geistigen Metamorphose und die aus dem Gefäß züngelnde Schlange repräsentiert sowohl Klugheit als auch das Prinzip des Bewachens und Bewahrens (im Märchen taucht die Schlange häufig mit einem im Mund geborgenen Edelstein auf).

Nachfolgend beschriebene Begegnung mit meinem Vater beweist erneut das liebevolle Mitteilungsbedürfnis der Jenseitigen, auch wenn es um den Versuch geht, schwierig interpretierbare Aspekte jenseitiger Schicksale unserem erdgebundenen Denken begreiflich zu machen (28. Januar 1987):

Zunächst bemerkt mein Vater bedauernd einiges über seine frühere Ungläubigkeit hinsichtlich des Fortlebens nach dem physischen Tode und weist dann allgemein auf die Schwierigkeiten hin, die wahren Bilder und Verhältnisse der geistigen Welten auch nur annähernd darstellen zu können. Mit einer telepathischen Schilderung des jenseitigen Schicksals sexueller Freibeuter und Machos jedoch gelingt es ihm, mich völlig aus der Fassung zu bringen. Was er mir in diesen Bildern zeigt, ist so fürchterlich, daß ich vor Erbarmen und Schrecken wimmernd erwache, noch während mir seine liebevollen Trostworte im Ohr klingen.

Vielleicht wollte mein Vater mit Hilfe dieser intensiven transkommunikativen Einblendung in jenen niedrigen geistigen Schwingungsbereich zu erkennen geben, daß in jedem Mann ein Macho steckt, und sei es nur ein Zwerg dieser Gattung. Als letzterer ist er nutznießend immer noch stiller Teilhaber eines männerherrschaftlichen Machtsystems, welches sich aus seiner archaischen Vergangenheit bis in die Sozialstrukturen unserer Industriegesellschaft hinübergeschlichen hat. Unversehens kann der Astralwanderer auch Ebenen frequentieren, in denen ihm unbekannte jenseitige Neulinge über den Weg laufen. Sehr häufig dürften es solche Seelen sein, die einen gewaltsamen Tod oder ein sonst wie unerwartetes physisches Ende erlitten hatten, und die oft noch gar nicht so recht wissen, was mit ihnen geschehen ist. Nachfolgend geschilderte Begegnung mit einem Mordopfer zeigt allerdings, daß diesem die wesentlichen Umstände seines Todes voll erinnerbar waren (18.Februar 1987):

Auf das Zusammentreffen mit dem Getöteten werde ich in kurzen Worten von einem Mann vorbereitet, der mir entgegenkommt. Wenig später taucht schließlich das Opfer selbst auf. Es zeigt sich ganz im zurückversetzten Zustand der dramatischen Umstände seines Todes: Der Kopf ist verletzt und große Blutkrusten haften an der Stirn. Ich schätze das Alter dieses Mannes auf etwa 50 Jahre. Seine große Freude, sich mir bemerk- und mitteilbar machen zu können, überrascht mich, da sein schreckliches Aussehen doch mehr Anlaß zum Wehklagen geben müßte. Dennoch wird mir natürlich klar, daß er sich als befähigter Geist in diese erbarmenswürdige Verfassung nur deshalb zurückversetzt hat, um die Art und Weise seines gewaltsamen Todes unmißverständlich nachdokumentieren zu können. Seine begleitenden Worte klingen sachlich, ja sogar merkwürdig emotionslos; er berichtet nur kurz davon, einem Raubmord zum Opfer gefallen zu sein. Indessen will ich die Gelegenheit, mit einem Jenseitigen kommunizieren zu können, tiefer ausschöpfen und erkundige mich nach seinen Erfahrungen in der Geisterwelt. Er reagiert emphatisch, ohne konkreter zu werden. Die gezielte Frage meinerseits, welche Anschauungen über Seher und Mystiker wie z.B. Swedenborg und Lorber in seiner gegenwärtigen Existenzebene bestünden, kann er mir verständlicherweise noch nicht beantworten. Seine Ratlosigkeit bezüglich meiner Frage nehme ich gleichzeitig als Beweis dafür, daß ihm die beiden Mystiker auch zu irdischen Lebzeiten nicht bekannt gewesen waren.

Der Leser möge nun nicht fälschlich annehmen, daß ein Geist schließlich doch automatisch alles das wissen müßte, was ihm als Inkarniertem vorher nicht bekannt gewesen war. Kein Menschengeist nämlich (von geistig wiedergeborenen abgesehen) ist nach der Ablegung seiner physischen Hülle sofort allwissend. Die Seele ist noch eng mit dem Ego verfilzt und schleppt dieses mit hinüber. Eine gewaltsame Trennung davon würde sie jetzt traumatisieren, denn noch ist der Kanal zum Unterbewußten verstopft von den abgelagerten Schlacken der Selbstliebe und der Eitelkeit. Erst wenn die Seele im wunderschönen Rehabilitationszentrum Paradies den Scheitelpunkt ihres harmonischen Ausruhebedürfnisses überschritten hat, kann sie von der unendlichen Sehnsucht nach der göttlichen Liebe und ihrer Erwiderung voll erfaßt werden. Jetzt erst findet das statt, was Jesus als die „Wiedergeburt im Geiste" bezeichnet hat. Nun kann sich der Geist dauerhaft mit der Seele verbinden und ihr im Zuge dieser Seelenvergeistigung alles zugänglich machen, was sie aus dem unterbewußten Wissen abrufen möchte.

Daß durch die bloße Erlernung irgendwelcher Meditationstechniken allein nicht die Fähigkeit zur partnerschaftlichen Gottesliebe erreicht werden kann, dürfte einleuchten. Nun kann man zwar annehmen, daß die Mehrzahl esoterischer Adeptenanwärter dieses hohe Ziel ohnehin noch nicht im Auge hat. Ihnen tut es bereits wohl, dem verhaßten Materialismus unseres Industriezeitalters verächtlich den Rücken zuzukehren, wobei fast alle Mittel hierfür gut genug erscheinen. Wenigen ist aber klar, daß dies zuweilen sehr verhängnisvoll enden kann: Durch das Knacken des Codes von verborgenen geistigen Gesetzen bei nicht parallel fortgeschrittener geistig-seelischer Entwicklung kann buchstäblich eine geistige Vergewaltigung der Persönlichkeit provoziert werden. Ein solcher Fall ähnelt dem mit Streichhölzern spielenden Dreijährigen, der die Faszination des Lichtes sucht, ohne das Feuer zu kennen. Ich möchte dies am exemplarischen Beispiel einer bedauernswerten Frau veranschaulichen, die bald nach einem absolvierten Einweihungskurs einen mir bekannten Mann verzweifelt um Hilfe anflehte. Die besagte Frau hatte sich bei einem indischen Guru das „Dritte Auge" (ein zwischen den Stirnbrauen lokalisiertes geistiges Sehorgan) durch die verborgene Kraft geheimer Zeichen öffnen lassen. Die Folge war, daß diese Frau vor allem auch Einblicke in die Ebenen bekam, die ihrem eigenen noch bedürfnislosen geistigen Niveau entsprachen. Der Guru hatte ihr also vergessen zu sagen, daß sich mit dem gewaltsamen Öffnen eines geheimnisvoll verschlossenen Fensters auch die Innenwelt der Seele schonungslos entblößen werde.

Für Menschen, die noch einen sehr niedrigen geistigen Entwicklungsstand aufweisen, ist es deshalb allemal besser, wenn ihre geistigen Sinne versiegelt bleiben. Wie sollten sie sonst mit der Tatsache fertig werden, daß ihnen die wenig attraktiven Gestalten ihres geistigen Dunstkreises das irdische Leben auf Schritt und Tritt zum Vorhof der Hölle machen? Zum Verständnis dieser Thematik genügt bereits die Aussage der schlichten Volksweisheit: „Gleich und gleich gesellt sich gern".

Aus den Komponenten nachfolgend berichteter Traumvision dürfte der Leser hinsichtlich des oben gesagten manch ernste Warnung herausdeuten können. Auch an hintergründiger Komik fehlt es hier wiederum nicht (11.März 1987):

Mit einer kleinen Gruppe Unbekannter haben meine Frau und ich uns in ein Haus begeben. Die vornehm-schlichte Bauweise und die gediegene Innenausstattung verbreiten eine gepflegte Atmosphäre. Immer mehr Menschen sammeln sich in der Vorhalle und eine allgemeine Konversation in gedämpfter Lautstärke kommt in Gang. Ich fühle, daß an dieser Stätte ein Kursus, etwa in der Art eines „work-shop" stattfinden soll. Einige der Wartenden haben auf Bänken Platz genommen, und jetzt erhebt sich aus der verhaltenen Tonstärke der allgemeinen Unterhaltung eine kräftige Frauenstimme, die mit überschwenglichen Worten die Gelegenheit preist, hier einen ganz besonderen geistigen Lehrgang absolvieren zu können.

Bald darauf entschwinden in zwangloser Reihenfolge die Wartenden nach und nach auf einer breiten Treppe, die hinabführt in tiefer gelegene Räumlichkeiten des Hauses. Erst jetzt fällt mir auf, daß trotz der stattlichen Höhe der vornehmen Villa kein Treppenhaus nach oben führt. Als ich jedoch näher an den Treppenabsatz herantrete, sagt mir mein Blick nach unten sofort, daß die Stockwerke in diesem Hause ausnahmsweise in der Tiefe zu liegen scheinen.

Auch meine Frau entschließt sich nun wider mein Erwarten, hinunter zu gehen. Mehr aus Neugierde folge ich ihr etwa zwei Etagen nach unten. Dabei habe ich das Ge-

fühl, mich in die Tiefe eines in den Erdboden versenkten Wolkenkratzers zu begeben und kehre kurz entschlossen um.

Erst jetzt fällt mir eine in der Vorhalle angebrachte große Steintafel auf, auf welcher in antiken Versalien eingemeißelt zu lesen ist, daß dieses Haus eine esoterische Einweihungsstätte sei. Ich setze mich wieder auf eine der Bänke, wo noch einige Unentschlossene zurückgeblieben oder aber Neuangekommene zu warten scheinen. Jetzt kehren bereits die ersten Teilnehmer zurück. Sie haben sämtlich angerußte Gesichter, was sie offensichtlich überhaupt nicht zu stören scheint. Meine teils belustigte teils erschrockene Frage, ob sich das denn wieder abwaschen ließe, wird gelassen verneint. Nun endlich kommt auch meine Frau wieder herauf. Ich bin sehr erleichtert darüber, daß sie als einziger Teilnehmer kein geschwärztes Gesicht hat, bin aber befremdet über ihr insgesamt etwas derberes Aussehen.

Oftmals ist in der Bibel und auch in den Neuoffenbarungsschriften die Rede davon, daß zuerst das Alte sterben muß, ehe das Neue entstehen kann. Das Wort vom Samenkorn, welches im Boden erst zerfallen muß, bevor es vielfältige Frucht bringt, steht hier als anschauliches Leitmotiv obenan, wenn es um die Frage geht, wie der Mensch durch Überwindung seines eigenliebigen Egos zur Vergeistigung seines Selbst gelangen kann. Auch der sich im Feuer verjüngende Vogel Phönix in der altägyptischen Sage wurde so zu einem christlichen Symbol der geistigen Auferstehung. Eine an die äußeren Merkmale unseres Zeitalters angepaßte Version dieses Ursymbols der Selbstüberwindung erlebte ich in einer Traumvision (16. März 1987):

In der Mitte eines Raumes stehend, bewundere ich einen auf meinem linken Unterarm sitzenden farbenprächtigen Papagei. Dieser fliegt plötzlich ohne erkennbaren Grund zielstrebig zur Zimmerdecke hinauf. Dort krallt er sich zu meinem Entsetzen in die bloßliegenden Drahtenden eines elektrischen Deckenbeleuchtungsanschlusses und hängt sofort leblos und schlaff herab wie eine Wildente am Haken. Erschüttert wende ich mich ab. Ein erneuter Blick zur Decke hinauf läßt mich nur noch den verschmorten Rumpf des Vogels erkennen. Einige bereits im Zerfall begriffene Reste von ihm liegen auf dem Fußboden herum, darunter der federlose Kopf mit einem surrenden Schwarm Fliegen darüber. Verwirrt gehe ich in das Nachbarzimmer und erlebe dann mit großer Freude das Herbeifliegen eines neuen Vogels, der sich schließlich wiederum auf meinem linken Unterarm niederläßt. Es ist ein herrliches Geschöpf, viel kleiner als der verbrannte Papagei. Seine Zutraulichkeit berührt mich tief und ich weiß, daß wir uns nicht mehr trennen werden.

Es genügt bereits eine Lockerung des astralen Körpers, um die Sinne des Zweitkörpers aufnahmefähig zu machen für die Wahrnehmung feinstofflicher Bereiche. Wenn die Psyche des Schlafenden durch das unerwartete Eintreten eines Verstorbenen in einen luziden Traum überrascht wird, so erfolgt der Ablöseprozeß des Zweitkörpers durch das freudige Erschrecken wohl unbemerkt. Es ist einleuchtend, daß dann auch die kontinuierliche völlige Abspaltung des Feinstoffkörpers nicht bewußt registriert wird, da sich das ganze Interesse auf die auftauchende Persönlichkeit konzentriert. In einem solchen Fall erscheint die Beobachtung des geistigen Mechanismusses der Abläufe verständlicherweise zweitrangig. Nach einer solchen nicht bewußt erlebten astralen Abtrennung erlebte ich am späten Morgen des 25. März 1987 eine rührende Begegnung mit meinem Vater:

Morgens zwischen 8 und 9 Uhr bin ich noch einmal eingeschlummert, bleibe aber während der gesamten Einschlafphase hellbewußt, was ich auch an den gedämpften vertrauten Geräuschen erkennen kann, die mich bis zum Übertritt in einen tieferen Schlaf begleiten. Unter diesen Geräuschen tritt hauptsächlich das Schniefen unserer Katze hervor (nach dem Aufwachen liegt sie tatsächlich auf dem Nachbarbett). Während des Verlaufes dieses bewußten Einschlafprozesses wird mir bereits die Gegenwart meines Vaters immer fühlbarer. Inzwischen habe ich die Physis wohl schon verlassen. Das leicht veränderte Schlafzimmer betretend, sehe ich am Fußende des Bettes auf einem Tischchen die Eröffnungsstellung einer Schachpartie, wie sie mein Vater bevorzugt gespielt hat. Es sind samt Brett die gleichen Figuren, die er mir vererbt hat. Nun ergreifen mich immer stärker werdende Gefühle zu meinem Vater, der jetzt in freudiger Entschlossenheit ebenfalls den Raum betritt. Strahlend jung steht er an meiner Bettseite, liebevoll lächelnd. Ich gehe freudig auf ihn zu und sage: „Jetzt begreife ich, warum Du in meinen Träumen so häufig auftauchst; Du willst uns damit zeigen, daß Du häufig um uns bist!" Vor Freude weinend, fallen wir uns in die Arme. Eine große Träne staut sich auf seinem rechten Nasenwinkel. Sein ganzes Gesicht strahlt unbeschreibliche Güte und Liebe aus, welche mich persönlich und gleichzeitig auch so eigentümlich überpersönlich berührt.

Von Visionen endzeitlicher Wetterentgleisungen im Zuge eines globalen crushes des Ökosystems berichten immer mehr Menschen. In zwei verschiedenen Visionen erlebe ich Wintereinbrüche im Frühsommer (10. und 21. Juni 1987).

In dem einen Bild erscheint mir ein Fenster mit feinstrukturierten Eisblumen, während mir gleichzeitig der Monat Juni gedanklich übermittelt wird.

Das andere Bild präsentiert mir ein verschneites Bahnhofsgelände. Ich selbst stehe inmitten sachte fallender Schneeflocken auf einem Bahnsteig und erhalte den telepathischen Hinweis „Juni".

In jüngster Zeit wurden Pläne bekannt, denenzufolge eine breite Basis fanatischer Moslems in Köln ein abendländisches Hauptquartier als Befehlszentrale für ihre destruktiven Aktivitäten gegen die sogenannten „Ungläubigen" gründen will. Die Initiatoren dieser vermeintlich gottgewollten Befreiungsbewegung wollen offenbar das Come back eines grandiosen inquisitorischen Gruselschauspiels aus dem europäischen Mittelalter neu inszenieren und treten inzwischen mit Vulgärdrohungen der übelsten Art auf den Plan. Interessant ist in diesem Zusammenhang auch Nostradamus' düsteres Bild vom Kamel, welches aus dem Rhein trinkt. In der nachfolgend beschriebenen Traumvision wurde mir durch eine witzig-originelle Metapher tröstend vorgeführt, daß man sich bei dem besagten Vorhaben letztendlich kalte Füße holen wird (24. Juli 1987):

Inmitten eines mit Menschen überbelegten Zimmers finde ich mich in einem Bett liegend. Die beengte Situation erinnert mich an ein improvisiertes Notaufnahmequartier, umso mehr, als ich sogar noch zwei weitere Personen in meinem Bett kauernd entdecke. Ich verhalte mich äußerlich ruhig, überdenke aber fieberhaft die sonderbare Situation, als mich eine Berührung mit eiskalten Füßen zusammenschaudern läßt. Nun forsche ich verwundert nach dem Besitzer dieser Füße und entdecke ein Kamel zu meiner Rechten lagernd, welches seine zitternden Beine unter meine Bettdecke gestreckt hat. Mein anfängliches Befremden verwandelt sich augenblicklich in pure Belustigung über meine komische Lage, aus der ich schließlich in sehr heiterer Stimmung erwache.

Am nächsten Morgen wurde mir rasch klar, daß das fußkalte Kamel als ein lebendes Synonym für den anachronistischen islamischen Infiltrationsversuch zu betrachten ist.

Die inspirierten Kundgaben von Mystikern und transkommunikativ befähigter medialer Menschen belegen, daß Verstorbene mitunter unser Bewußtsein besetzen können. Auch der Gegenwartsmystiker Carl Welkisch erlebte und beschrieb viele solcher „Beigesellungen". Schon Goethe beobachtete eine gelegentliche derartige Bewußtseinsüberfremdung bei sich selbst, zog aber, obwohl er Swedenborgs Schriften gut kannte, offenbar nicht die richtigen Schlüsse daraus. Auch gegenwärtig erfahren viele Menschen dieses Phänomen und reagieren aus Unwissenheit verstört und geschockt. Sie glauben, einen Persönlichkeitsdefekt zu haben und meinen irrigerweise reif zu sein für Psychiater oder Nervenärzte. Erst eine solche Fehleinschätzung aber macht die Sache heikel und kompliziert, besonders, wenn sich noch unentwickelte und erdenverhaftete Geister einquartiert haben. In jedem Fall sollte sich der Besetzte als ein liebevoller Lehrer fühlen, der seinem Schüler und geistigem Weggenossen in Gedanken und Taten lebendige Beispiele spirituellen Strebens liefert. Dieser ist ja kein Schmarotzer; er braucht vielmehr die anschauliche Hilfe eines irdisch Lebenden, was von höherer Instanz her ausdrücklich zugelassen wird. Aber auch die inkarnierte Seite kann daraus lernen: Das bewußtseinsergreifende Mitleiden in einer fremden Individualität reinigt das eigene Ego durch die Weckung der Nächstenliebe und der Barmherzigkeit.

In einem luziden Traum erlebte meine Frau eine solche vorübergehende Beigesellung, die durch die Erweckung eines starken Mitfühlens und Nachleidens ihre beiderseitige Sinnerfüllung fand (Juli 1987):

Meine Frau erlebt sich als Jüdin durch die Straßen des Heimatdorfes gehend. Angstvoll schaut sie den ihr begegnenden Dorfbewohnern ins Gesicht, bangend, ob das gemeinsame Aufwachsen mit ihnen wirklich tragend genug war, um Feindseligkeit und Verrat, diesen Früchten aller Haßparolen, widerstehen zu können. - Die Szene wechselt jäh: Meine Frau hastet nun durch Gassen und um Häuserecken einer Stadt. Sie weiß, daß sie den Häschern und Spähtrupps nicht begegnen darf. Unversehens ist sie nun auf eine leicht abschüssige Straße geraten. Es ist eine Paradeallee, auf der gerade ein Trupp SA herannaht. Beiderseits der Straße stehen Zuschauer. Meine Frau erlebt jetzt einen solch schmerzlichen Grad des Gedemütigtseins, wie sie niemals sich hätte dies nur annähernd vorstellen können. Plötzlich fühlt sie einen unerklärlichen Zwang, auf den Knien rutschend das Straßenpflaster ablecken zu müssen, um den rohen Seelen der vorüberziehenden Horden Genugtuung zu verschaffen. Mit dieser entwürdigenden Szene endet die Erinnerung meiner Frau an das Erlebte.

Am folgenden Tag war meine Frau bis ins Innerste aufgewühlt über die empfundene Realität des erlebten Traumgeschehens der vergangenen Nacht. Es dämmerte ihr, daß eine jüdische Frau, ein Gewaltopfer, sie im Traum „gelebt" hatte. In Lyon war meines Erinnerns gerade der Barbie-Prozeß zu Ende gegangen und jene Frauenseele dürfte vielleicht eines der zahllosen getöteten Opfer gewesen sein, die ihre Peiniger auch nach dem leiblichen Tod noch leidenschaftlich hassen und dadurch im Erdendunstkreis festgehalten werden. Auch im Fall Barbie darf man annehmen, daß der Gerichtssaal prall gefüllt war mit einem unsichtbaren Heer geistiger Zuhörer, die sich durch Rachedurst weiter an diesen Leidensplaneten anketten.

Am Abend machte meine Frau vor dem Einschlafen einen aufschlußreichen Versuch. In einem intensiven Strom liebevoller Gedanken bat sie jene Frau um Loslösung aus dem Vergangenheitstrauma ihrer Leiden und wies sie auf die Perspektiven eines neuen Lebens in der geistigen Welt hin, denen sie sich nun doch endlich vertrauend öffnen möge. Darauf fühlte sich meine Frau vom Sonnengeflecht her mit beglückend wohltuender Wärme erfüllt und sie wußte gleichzeitig, daß dies die eingeflossene Reaktion jener Frau war für die liebevolle Ansprache und für das tief nacherlebte Mit-Leiden. Das wunderbare Erlebnis gipfelte schließlich in dem ekstatischen Gefühl, in einer Feuerkugel zu sein. Dabei fühlte meine Frau, als verbrenne alles Unwesentliche an ihr, während allein das geläuterte Ich übrig blieb.

(28. Juli 1987) Am Morgen höre ich kurz vor dem Aufwachen das Wort „Orwell-Traube". Nach einigem Nachsinnen über diesen recht rätselvollen Begriff muß ich unvermittelt an die Kelter als alttestamentliches Bedrängnis- und Leidenssymbol denken.

(4. August 1987) Vor dem Erwachen führe ich in einer Traumvision ein Gespräch mit einer schwergeprüften Seele. Noch während des Aufwachens höre ich mich zu jenem Verzweifelten sprechen: „Es ist eine große Gnade, leiden zu müssen".

Etwa zwei Wochen vor diesem Erlebnis hatte ich gedanklich sehr nachdrücklich um die Möglichkeit gebeten, einmal während eines jenseitig geführten Dialoges erwachen zu dürfen, um das Gesprochene erinnerbar festhalten zu können. Dies wurde offensichtlich auf die gerade beschriebene Art auch gewährt.

(27. August 1987) Unser Sohn Markus führt mir innerhalb eines sehr bewußt erlebten Traumes wahrhaft unglaubliche Kunststücke vor: In große Höhen hinauf läßt er an einer endlos langen Schnur einen Drachen steigen und lenkt ihn dann in solcher Geschwindigkeit von einem Horizontende zum anderen, daß mehrere am Himmel auftauchende niedrig fliegende Düsenflugzeuge das Nachsehen haben.

Unser 1969 geborener Sohn Markus hat als jüngster Familiensproß bereits die Zeichen der Zeit erkannt. Daß sein Geist eingeweiht ist in die kommenden Ereignisse, steht außer Zweifel und kommt auch in den Worten zum Ausdruck, die seiner Sicht der Dinge entspringen. Mit seinem ganzen Sein sehnt er sich nach der Überwindung des Alten im Sinne der göttlichen Verheißung: „Ich mache alles neu!" So erkenne ich in der Traumvision in Markus' alles überholenden Drachen seine eigenen Ideen, die dem bisherigen männerherrschaftlichen Macht- und Profitdenken samt seinen lächerlichen Potenzsymbolen eine Abfuhr erteilen.

(28. August 1987) Man hat mich beauftragt, Kontakt aufzunehmen mit einer städtischen Behörde, die für die Zuteilung von Trinkwasser für die Ortsbewohner zuständig ist. Mir ist die Reichweite meiner Befugnisse unbekannt, gleichwohl weiß ich, daß es um das Aushandeln einer neuen Berechnungsgrundlage geht und um Klärung über einige alte Forderungen. Meine Suche nach der Wasserwerksbehörde bleibt jedoch erfolglos: Ich entdecke Firmenschilder aller Art, erhalte aber keinen einzigen Hinweis auf die gesuchte Behörde. Des Lesens von Schildern schließlich überdrüssig, wende ich mich nun dem alltäglichen Leben auf der Straße zu. Drüben, an einer Straßenecke sehe ich plötzlich eine Frau stolpern und der Länge nach hinstürzen. Ich benötige eine beschämend lange Zeit, um zu begreifen, daß hier meine Hilfe gebraucht wird, denn die Frau kann sich offensichtlich aus eigener Kraft nicht erheben. So überquere ich endlich eilends die Straße und helfe ihr auf. Aber welche Mühe habe ich damit! Mir ist, als sei der Körper der Frau mit dem Boden verwachsen. Nur mit äußerster Kraft gelingt es mir, sie aufzurichten, gelange aber dabei selbst in eine etwas hilflose Kauerhaltung, aus der heraus ich zu ihr aufblicke und noch einige gutgemeinte Ratschläge bezüglich vorsichtigen Gehens erteile. Mit dieser komischen Schlußszene endet das Traumgeschehen.

Es steht für mich außer Frage, daß die Suche nach der Wasserbehörde eine Metapher ist für die Suche nach Wahrheit und geistiger Lebensenergie. In diesem Sinne ist auch in der Bibel vom Wasser die Rede, wie es ja ebenfalls in der Symbolik des Taufaktes allgemein zum Ausdruck kommt. Die beabsichtigte Klärung über alte Forderungen besagt wohl, daß gesprochen werden müsse über die geistige Begleichung eines Vorschußgeschenkes, als welches man das im voraus erhaltene Wasser gewissermaßen betrachten kann. Hier gilt also der Grundsatz, daß der, welcher mehr über die geistigen Dinge weiß, auch mehr Verantwortung trägt für das Umsetzen. Diese höhere Verantwortung ist gleichsam die Münze, mit der man zu zahlen hat.

Wasser ist aber, seiner geschmeidigen und anpassungsbereiten materiellen Beschaffenheit gemäß, auch ein Symbol für Demut. Mit dem Bild der zu Boden gestürzten Frau wurde mir signalisiert, daß ich ungeachtet der nicht aufgefundenen Wasserfirma auch andernorts die ausstehenden Rechnungen begleichen könne. Denn so wie das Geld, wie das Sprichwort sagt, „auf der Straße liegt", so liegt bildlich auch gleichsam die Verantwortung auf der Straße, wenn man sich ihrer nur bewußt wird. Sie trat in meiner Vision in der Personifizie-

x) FRAU = UB.
MANN = B.

rung der gestürzten Frau in Erscheinung. Diese Frau versinnbildlichte auch gleichzeitig das durchs jahrtausendealte Patriarchat zu Boden gestürzte und dort gefesselte Opfer des männerherrschaftlichen Machtsystems, dessen Ende nun an der Schwelle des Wassermannzeitalters unwiderruflich herannaht. So paradox es jedoch erscheinen mag: Zur Wiederaufrichtung und dauerhaften Rehabilitierung ihrer gottgewollten Weiblichkeit und Würde bedarf die Frau der demütigen Einsicht des Mannes, des ehrlichen Eingestehens seiner todbringenden Selbstherrlichkeit vor Schöpfer und Schöpfung. Es bedarf alles in allem der Unterwerfung des isolierten männlichen Intellekts unter die weibliche Intuition. x)

Auch der knappe Handlungsverlauf einer nächtlichen Vision vom 21. September 1987 steht unter dem Zeichen dieser epochalen Wende auf unserem Schulungsplaneten:

Gegen Morgen informiere ich innerhalb eines luziden Traumes einen überrascht zuhörenden Mann (mein Ego?) über das sich abzeichnende Ende des Patriarchats. Er steht auf und beginnt nervös auf und ab zu gehen, als ich von den fatalen Folgen spreche, welche die Männerherrschaft der gesamten Menschheit auf allen Ebenen gebracht habe. In Zukunft gelte es, sage ich, die Schwächen der Männer freimütig offenzulegen und zu analysieren, damit alle Menschen daraus lernen könnten.

(18. Dezember 1987): In einem sehr deutlich empfundenen Klartraum erlebe ich mich auf einem großen rechteckigen Platz einer mir unbekannten Stadt flanieren. Mein überaus klares Bewußtsein bestärkt mich in der Annahme, wieder einmal eine nachtodliche Scheinweltebene betreten zu haben und so beschließe ich, unverzüglich mit den astralen Bewohnern der Stadt in Kommunikation zu treten, um deren Bewußtseinsgrad zu erforschen. Dabei wird mir der Zwiespalt bewußt, in welchem ich mich nun wiederum befinde: Einesteils weiß ich aus Erfahrung, daß meine luzide Außerkörperlichkeit zeitlich nur sehr begrenzt sein wird und deshalb zügiges Handeln geboten ist; andererseits weiß ich aber auch, daß ich bei allzu nervöser Eilfertigkeit und Ungeduld durch unkontrollierbar werdende Emotionen aus dem Geschehen leicht herauskatapultiert werden könnte. In einer Mischung aus Zielstrebigkeit und Gelassenheit frage ich einen vorübergehenden älteren Mann nach dem Namen der Stadt und erhalte in einer merkwürdig silbenschleifenden Aussprache eine Antwort, die wie „Leopolis" oder „Laopoulos" lautet. Die Stimme klang nicht besonders freundlich und ich wage deshalb die Frage nicht zu wiederholen mit der Bitte um deutlichere Aussprache. Sinnend gehe ich weiter und betrachte das sich aus meiner Sicht bietende Stadtbild etwas genauer. Sämtliche Straßen treffen rechtwinklig und in ziemlich gleichmäßigen Abständen auf die Seiten des Platzes. Mein Blick in die geradlinig verlaufenden Straßen hinein läßt mich noch weitere, entfernter liegende rechtwinklige Kreuzungspunkte erkennen. Auf einem solchen rondellartigen Punkte zieht ein obeliskenhaft-schlankes Heldenmonument meine Aufmerksamkeit auf sich. Die Entfernung nach dorthin beträgt etwa 500 m.

Ein nun aufkreuzender freundlich blickender und vornehm erscheinender Herr macht mir Mut, meine Frage erneut zu stellen, die ähnlich lautend wie vorher beantwortet wird. Durch Autosuggestion gebe ich mir nun selbst ein vornehmes Äußeres und werde im weiteren Verlauf von meinem Gesprächspartner prompt mit „Herr Geheimrat" angeredet, wobei er mich charmant zu einer Plauderei bei Kaffee und Kuchen einlädt, auf die gepflegte Fassade eines Restaurants deutend. Der Gedanke, keine Landeswährung in der Tasche zu haben, bereitet mir Pein: Wie soll ich mir aus der Verlegenheit helfen, wenn es dann ans Bezahlen ginge? So lehne ich freundlich dankend ab und füge, mich damit verabschiedend, vieldeutig hinzu: „Sie ahnen gar nicht, wie kurz nur mein Aufenthalt in dieser Stadt sein wird!"

Mir kommt kurz darauf ein guter Gedanke: Hat denn nicht jede Stadt auch ein Touristeninformationsbüro - warum sollte diese keines haben? Instinktiv strebe ich einem kleinen Plateau am Stadtrand zu und finde in einem pavillonartigen Flachbau wirklich das, was ich suche. Ein Angestellter schaut mich fragend an und bringt mir auf meine Bitte eine Landkarte. Sie umfaßt ein größeres Gebiet als ich vermutet hatte. Ich erkenne Teile der italienischen Adriaküste mit jedoch insgesamt falschem Küstenverlauf. An einer Stelle ist sogar eine breite Landverbindung zwischen Italien und Jugoslawien erkennbar, und ich muß innerlich schmunzeln über die Gewissenhaftigkeit, mit der diese ziemlich falsche Karte im Äußeren angefertigt ist. Ich frage den Angestellten nach unserem Standort auf dieser Karte, und er deutet in der Nähe Albaniens auf den in Versalien gedruckten Namen der Stadt. Ich lese: „LE OBELISQUE".

Dieses Erlebnis als ein lediglich konfuses Traumabenteuer einstufen zu wollen, hieße gleichzeitig, bisher gemachte Erfahrungen und das daraus destillierte Wissen leichtfertig zu verleugnen. Davon abgesehen bleibt nach den echten astralen Begegnungen ein ganz spezifischer Erinnerungseindruck zurück, den der erfahrenere Astralwanderer als unverwechselbar erkennt.

Beachtenswert ist der französische Name der Stadt, „Le Obélisque", den die Geister ihrer astralen Metropole verliehen hatten. Die geographischen Ungereimtheiten dürften sich aus dem abgeschwächten Erinnerungsvermögen der noch emotional weitgehend erdgebundenen Bewohner erklären, die sich nach irdischem Vorbild eine urbane Heimstatt im Astralen geschaffen hatten. Zwischen dem kartographisch verzeichneten „Le Obélisque" und dem oberflächlich ausgesprochenen Namen der Stadt ist unschwer ein Zusammenhang erkennbar, auch zwischen der Namensgebung und dem wohl offensichtlich als Vorbild hierfür dienenden Obeliskenmonument.

Ob es wohl auf astralen Ebenen auch so etwas wie Kolonien alter Prägung geben mag?

Folgende Klartraumerfahrung ist wohl eine Metapher für die Auseinandersetzungen des Weltlichen mit dem Geistigen, eine Scheidung der Geister, welche in der Endphase unserer Zeitenwende eine dramatische Zuspitzung erfahren wird. Auf der einen Seite befinden sich die Institutionen weltlicher Macht, deren Positionen ins Wanken geraten und deren Allgemeinwohl vortäuschende Masken nach und nach fallen werden (der Prozeß hat ja bereits eingesetzt).

Auf der anderen Seite stehen all diejenigen, welchen ein geistiges Licht aufgegangen ist und die auf keiner Ebene mehr kooperationsbereit sein wollen mit einem System, dessen amoklaufende Selbstbehauptungsmanie selbstzerstörerisch in die Agonie abzustürzen im Begriff ist. Wer dabei die geistige Gegnerschaft allzu unverhüllt zur Schau stellt, wird der erklärte Feind des sterbenden Systems und muß mit unerbittlicher Verfolgung rechnen (20. Dezember 1987):

Mit einer kleinen Gruppe Gleichgesinnter bin ich ständig auf der Flucht vor einem hartnäckigen Verfolgerteam. Mehrmals glauben wir uns in Sicherheit, werden aber jedesmal wieder entdeckt, obwohl wir durch den Vorzug des Entfliegen-könnens einen entscheidenden Vorteil gegenüber unseren Verfolgern haben. Deshalb auch können sie uns letztlich nicht erhaschen. Aber wir werden schließlich des unbarmherzigen Spiels leid und sehnen uns nach einem ruhigen Ort. Gerade haben wir in einem parkähnlichen Freizeitgelände eine kleine Verschnaufpause eingelegt, als unsere Verfolger erneut herannahen. Da taucht eine sehr liebenswürdige Frau auf und bietet uns einen absolut sicheren Zufluchtsort an. Sie deutet auf eine nahe Anlage von Tiergehegen, die sich zwischen reichem Buschwerk weitläufig verlieren und führt uns an einen etwa zwölf Zentimeter schmalen Zwischenstreifen heran, der zwischen dem Maschendrahtwerk zweier benachbarter Tiergehege ein weit in die Tiefe der Gehege reichendes „Niemandsland" bildet. Wir ahnen, daß uns ein goldener Rat erteilt wurde, halten es aber gleichsam für unmöglich, uns in den engen Zwischenstreifen hineinzwängen zu können. Aber die Zeit drängt und wir versuchen das unmöglich scheinende. Es gelingt uns wider Erwarten spielend und wir drängen eilend in die Tiefe unserer maschenflankierten Schutzzone. Zwischen Büschen zusätzlich verdeckt gewahren wir in geduckter Haltung die ankommende Schar unserer ratlos spähenden Verfolger, die bald darauf abziehen - womit der Klartraum endet.

Die Quintessenz dieser Metapher ist zweifellos das verblüffende Angebot des unbewohnbar schmal erscheinenden Landstreifens als Zufluchtsort. Hier liegt auch der ganze Kern der prophetischen Botschaft verborgen: Spektakuläre Gegnerschaft auf offener Bühne kann nicht die Aufgabe des Geistigen sein. Das unauffällige Wirken im Verborgenen durch vorgelebtes Beispiel bürgt gleichermaßen für mehr Effektivität und Schutz. Die Arbeit des Geistigen muß mitten unter den Menschen getan werden, die im Käfig ihrer kreatürlichen Ängste und Schwächen gefangen sind und die uns selbst alles andere als fremd sind.

Der aufgetauchte „helfende Engel" in Gestalt einer Frau weist nach meinem Empfinden auf die Dominanz des Weiblichen, insbesondere der weiblichen Intuition im beginnenden neuen Zeitalter hin.

Sicher wird sich mancher Leser gegen die Vorstellung sträuben, im luziden Traumablauf oder im außerkörperlichen Zustand auch mit abgeschiedenen Erdenseelen in Kontakt treten zu können. Diese Scheu resultiert großenteils aus der übernommenen Befangenheit, welche die christlichen Kirchen immer noch der Frage nach dem wahren Sachverhalt des Lebens nach dem Tode zeigen. Zu festgefahren sind jahrhundertealte Glaubensaxiome, zu eingeengt die Freiheit des Denkens, als daß man den Mut hätte, mit einem entschlossenen Kraftakt die Fesseln dogmatisch begründeter Vorurteile zu sprengen. Noch immer weichen die Theologen auf präzisere Fragen nach dem Überleben des Todes konkreten Antworten aus. Und noch immer gesteht man der Seele und ihrem Geiste bestenfalls eine Auferstehung in ferner Zukunft in Aussicht, sodaß der kirchlich Gläubige keine Ahnung davon hat, wie und wo seine Seele nach dem Körpertod zwischenzeitlich existiert. Wird sie holzhammerbetäubt, tiefgefroren in eine Gletscherspalte versenkt bis zum jüngsten Tage?

Alle Mystiker und theosophisch Eingeweihte wissen natürlich, daß jedes Menschen Todestag der „Jüngste Tag“ ist, an welchem Geist und Seele sich ohne bewußtseinsunterbrechende Zwischenrast endlich frei machen können für ein höheres Leben. Sicher gibt es aber auch noch einen universalen jüngsten Tag: Es ist der noch sehr ferne Zeitpunkt, von dem an alles Leben durch die Erlösung aller Materie nur noch rein geistig sein wird.

Ist es nicht geradezu grotesk, daß die meisten alten Kulturvölker durch ihre medialen Adepten weit besser über das jenseitige Leben im Bilde waren, als der Gegenwartsmensch durch unsere heutigen Theologen informiert ist? Umso mehr muß dies beschämen, nachdem der Mensch gewordene Gott sich in Jesus auf die trübe Ebene seiner Peiniger und Verfolger begeben hatte, um sie und die Welt mittels seines irdischen Opfertodes durch Liebe zu überwinden und schließlich zu gewinnen. Genau dadurch nämlich wurden gleichzeitig auch grundlegende positive Veränderungen in den Lebensbedingungen der jenseitigen Welten geschaffen, von denen zu künden eine der ersten Aufgaben der nachjesuanischen Theologie sein müßte. So sagt auch der Neuzeitmystiker Carl Welkisch treffend, daß die Tatsache des Fortlebens nach dem Tode doch Angelpunkt jeder Religion überhaupt sein sollte - und somit wohl auch aller Theologie. Die nun mächtig in Gang kommende Gegenreaktion gegen die erstarrte Theologie findet überwiegend von der Basis her statt, wo immer mehr Menschen aus dem amtskirchlich zwangsfixierten Laienstatus aufbrechen in eine individuell erfahrbare partnerschaftliche Gottesbegegnung.

Die spontanen Dissonanzen zwischen etablierter Geistlichkeit und nach geistigem Brot hungerndem Kirchenvolk können zuweilen schon einen recht paradoxen Charakter annehmen. So berichtete mir eine durch den Tod ihres geliebten Mannes schwer getroffene Frau von ihrer verzweifelt gestellten Frage an den Dorfkaplan: „Gibt es ein Leben nach dem Tode?“ Die ihr gegebene Antwort lautete: „Damit habe ich mich noch nicht befaßt!“ - Gottlob gibt es jedoch auch in der Institution Kirche solche Theologen, welche die Wahrheit in sich fühlen und von deren Verkündigung auch Gebrauch machen. Selbsterlebte mystische Erfahrungen und die lebendige Erkenntnis, daß die Bibel ganz und gar nicht der Schlußstein aller göttlichen Offenbarungen sein kann, geben ihnen den Mut, dogmatisches Schablonendenken zu unterlaufen und dem Geist auf die Spur zu kommen. Auch unter den Pharisäern und Tempelgelehrten Jerusalems gab es damals recht wohl stille Eingeweihte, welche wußten, wer seine Göttlichkeit am Kreuz freiwillig zurückgegeben hatte bis zum dritten Tag. Und es gab sogar vorher schon welche darunter, die bereits erkannt hatten, wer in dem wortkargen nazaräischen Zimmermann heranwuchs und sich auf seine Stunde vorbereitete. Nikodemus war einer von den wenigen, die frühzeitig heimlich zu ihm stießen. Aber öffentlich reden durften sie zu keiner Zeit von ihrer Überzeugung und inneren Heimkehr. Entweder trafen sie sich unter großer Verschwiegenheit mit Jesus und den Seinen, oder sie richteten sich ganz abseits in der Klausur ihres Herzens ein. Dagegen haben es die wenigen inspirierten Theologen unserer Tage schon leichter, ihrem Herzen Luft zu machen. Vor allem über die Medien Funk und Fernsehen erreicht so manch tieferschürfender theologischer Vortrag über den Menschen und seine wahren Erdenaufgaben viele suchende Seelen. Hoffen wir, daß wenigstens jene einsamen substantiellen Säulen der Institution Kirche dann nicht wackeln werden, wenn der Gottesgeist wieder in einem Menschen unscheinbar verhüllt wiederkehrt, wie es die biblische Prophetie und noch deutlicher die Neuoffenbarungsschriften für unsere Zeit verheißen haben.

Die Grunderkenntnis aller religiösen Besinnung und alles vergeistigenden Strebens ist, wie bereits gesagt, die gewonnene Überzeugung, daß der Mensch seinen physischen Hüllentod augenblicklich überlebt und daß er für diesen Moment des Neugeborenwerdens durch positive Gedanken und Taten rechtzeitig den geistigen Grundstein legen sollte. Während jeder, der eine Reise in ein fernes Land plant, sich vorher sorgsam durch Bücher, Prospekte und Landkarten über sein Ziel informiert, bereiten sich die meisten Menschen noch immer überhaupt nicht für ihre größte Reise vor. Gerade diese Reise, die sich im Gegensatz zu anderen nicht verschieben oder annullieren läßt, erwartet man mit einer stoischen Ignoranz, die buchstäblich sträflich ist. Genauer gesagt, selbststräflich. Denn der Grad der Lichtstärke, die wir im Jenseits antreffen, entspricht der Beleuchtung, mit der wir uns vorher im Diesseits begnügt hatten. Wenn es also heißt, daß das Himmelreich mit Gewalt ergriffen sein will, so könnte man, zeitgemäß ausgedrückt, auch sagen: „Alle Scheinwerfer einschalten! Topographie und Landessitten studieren, Impfpässe und Reisepaß bereit legen, Devisen und zweckdienliche Kleidung besorgen, die Geschichte des Landes erforschen und nicht zuletzt auch die Biographie des Staatschefs lesen...!"

Es gibt vielerlei Arten von Damaskus-Erlebnissen. Da werden weltbekannt gewordene Persönlichkeiten sicher zu Recht oft bewundert für die Energie, mit der sie sich ohne Selbstschonung für eine gute Sache einsetzen. Eines Tages kommt die Erleuchtung; sie tritt ein ohne anzuklopfen, und der Heimgesuchte weiß plötzlich, daß er zwar sehr fleißig war, aber in seinem Eifer den viel fruchtbareren Nachbaracker zu bestellen vergessen hatte. Ich will hier das Beispiel von Frau Dr. Kübler-Ross herausgreifen, da es gleichzeitig auch exemplarisch ist für eine glückliche Synthese zwischen Glaubensfindung und wissenschaftlicher Beweisbarkeit des Fortlebens nach dem physischen Tode. Wie allgemein bekannt, war Frau Kübler-Ross als Ärztin und Sterbeforscherin jahrzehntelang sehr engagiert tätig mit psychologischer Sterbehilfe. Zweifellos hat sie damit vielen den Prozeß des Sterbens erleichtert durch ihre liebevolle Ausstrahlung. Eines Tages jedoch traf sie das völlig Unerwartete wie ein Blitz aus heiterem Himmel: Mitten in ihrer alltäglichen Arbeit begriffen, traf sie auf dem Korridor eine seit längerer Zeit verstorbene Frau, an die sie sich auch namentlich noch gut erinnern konnte. Die zunächst bis zur Sprachlosigkeit überraschte Ärztin nahm die materialisierte Verstorbene rasch mit in ihr Arbeitszimmer. Dort entspann sich zwischen den beiden ein längerer Dialog, in dessen Verlauf die Zurückgekehrte die berühmte Sterbeforscherin bat, ihre so wichtige Arbeit fortzusetzen, gerade auch unter dem Aspekt des hier zustandegekommenen persönlichen Kontaktes mit einer Besucherin aus der jenseitigen Welt. Frau Kübler-Ross gab bereitwillig ihr Versprechen und bat ihre jenseitige Besucherin um ein datiertes handschriftliches Protokoll ihrer Rückkehr, welches sie seitdem sorgfältig aufbewahrt. In vielen Vorträgen konnte sie nun ihre amerikanischen Zuhörer nicht zuletzt auch durch ihre Überzeugungskraft und Ausstrahlung von dem informieren und überzeugen, was sie selbst als Wissenschaftlerin erlebt hatte. Die Vorträge sind in dem in der Bundesrepublik stark beachteten Buch „Über den Tod und das Leben danach" zusammengefaßt.

Durch die Begegnung mit jener verstorbenen Frau konnte Elisabeth Kübler-Ross fortan mehr für Sterbende tun als bisher: Jetzt hatte ihr liebevoller Trost ein sicheres Fundament. Ihre Zuhörer sahen sich einer Augen- und Ohrenzeugin von Rang gegenüber.

Es gibt jedoch viele schweigsame Augen- und Ohrenzeugen unter uns, die gleiches und ähnliches erlebt haben. Sie reden nicht oder höchst selten von ihren Erfahrungen. Wie sollten andere wohl Dinge glauben, die sie selbst noch als Täuschung verdächtigen? Nichtsdestoweniger ist es Wahrheit, daß uns tatsächlich nur eine dünne Wand von „Drüben" trennt, genauer gesagt unsere noch überwiegend unterentwickelten Feinsinnesorgane. Mir selbst sind fünf vertrauenswürdige Personen bekannt, denen verstorbene nahe Verwandte am hellen Tage begegnet sind. Drei der Zurückgekehrten führten sogar ein kurzes Gespräch mit ihren diesseitig Hinterbliebenen. Unter den Dreien hatte auch mein Cousin Rudolf in B. ein solch aufwühlendes Erlebnis. Es geschah im Sommer 1987, und zwar mitten am Tage:

Mein Cousin hatte auf dem Sofa im Wohnzimmer Platz genommen und bemerkte nach kurzer Zeit eine rätselhafte Bewegung am Vorhang des Wohnzimmerfensters. Obwohl er wußte, daß Tür und Fenster geschlossen waren, stand er auf, um sich noch einmal davon zu überzeugen. Er fand erwartungsgemäß Tür und Fenster dicht verrie-

gelt und kehrte verwundert wieder auf seinen Platz zurück. Aufmerksam zum Fenster blickend, sah er den Vorhang erneut und stärker als zuvor in Bewegung treten, genau wie es bei einem stärkeren Luftzug der Fall ist. So brachte auch eine erneute Inspektion des Fensterumfeldes kein Ergebnis. Mein Cousin beschloß, die Sache noch eine Weile zu beobachten und kehrte wieder zum Sofa zurück. Er hatte kaum dort Platz genommen, als seine im Jahr zuvor verstorbene Frau auf dem Sessel neben dem Vorhang sitzend in Erscheinung trat. „Wo ist der Bub?" fragte sie zum Sofa herüber und mein Cousin erwiderte ihr, am ganzen Leibe zitternd: „In der Disco." - „Was tut der denn in der Disco?" kam die sehr gedehnte Frage, ehe die Verstorbene ganz plötzlich wieder verschwand.

Der Leser kann sich wohl denken, daß die Frage nach dem derzeitigen Aufenthaltsort des 18-jährigen Sohnes als eine hypothetische Frage zu betrachten war. Sicher wußte die Mutter als jenseitige Besucherin, wo sich ihr Sohn gerade aufhielt. Sie wollte mit der Frage an ihren Gatten sicher nur ihr Mißfallen darüber kundtun, daß auch ihr Sohn auf den jugendüblichen Zeitvertreib unserer Tage wohl nicht verzichten könne.

Natürlich versickern Berichte über Erlebnisse dieser Art gewöhnlich im Umfeld der engsten Angehörigen, denn der, welcher sie erfahren hat, scheut mit Recht den Spott der Unwissenden. Eine prominente Persönlichkeit dagegen hat in der Öffentlichkeit einen solch respektablen Ansehensbonus errungen, daß sie es weitaus leichter wagen kann, das Unfaßbare zu präsentieren. Dennoch hat das von unprominenten Zeitgenossen erfahrene metaphysische Geschehen natürlich keinen substanziell geringeren Wert als das von bekannten Persönlichkeiten erlebte. Wer wollte dies bestreiten.

Wir stehen am Beginn des Wassermannzeitalters. Es ist die Epoche, in welcher der Mann zu lernen hat, seinen Intellekt unter die weibliche Intuition zu stellen, die einen gotteseigenschaftlichen Aspekt darstellt. Nach der sicher etwas schmerzhaften Eingewöhnung in diesen notwendigen Prozeß werden kommende Generationen wieder die feinsinnigen Fähigkeiten zurückgewinnen, welche von Jahrhundert zu Jahrhundert zusehends erloschen sind. Mehr noch sogar. Nach den großen Verheißungen wird nach dem Wiedererscheinen und endgültigen Annehmen des Gottesgeistes eine dauerhafte Brükke entstehen zwischen den stofflichen und ätherischen Welten. Es wird dies die Zeit des herabgekommenen „himmlischen Jerusalem" sein. „Tote" werden nicht mehr diese Bezeichnung erhalten, und man wird ihnen auch nicht mehr nachtrauern: Sie bleiben weiterhin erreichbar über die erwachten Feinsinne der geistverbundenen Seele.

Die Weichen für diese Entwicklung werden jetzt schon gestellt. Der Tod, wie Frau Kübler-Ross anschaulich und schlicht sagt, ist nur der Umzug in ein neues, schöneres Haus. Und mit Blick auf die Zeichen der Zeit angesichts einer reifer gewordenen Menschheit sagt sie: „Ich glaube, es ist jetzt Zeit, daß die Leute wissen, daß der Tod gar nicht existiert, wenigstens nicht so, wie wir uns das vorstellen."

KUND TATEN

Auch im spirituellen Zeitalter des Wassermanns wird es verirrte Seelen geben, die den „Tod“ fürchten und noch einen Sog zum materiellen verspüren. Aber es wird ihnen mit ganz anderen Möglichkeiten geholfen werden können. Vereinzelten Ignoranten wird es nicht mehr gelingen, auf irgendeiner Ebene eine führende Position zu besetzen. Warum wohl? Weil sich die Mehrheit der Menschen einfach nicht mehr täuschen lassen wird. Nichts Dunkles mehr wird verborgen werden können, denn man wird anders als heute erkennen, ob Gedanken, Gefühle und Worte synchron verlaufen.

All dem wird das Einströmen spiritueller Energien aus dem Kosmos vorausgehen, welches in nicht ferner Zeit beginnen und einen riesigen Fortschritt des Menschheitsbewußtseins bewirken wird.

Die Liebe wird aus ihrer Verkanntheit hervortreten und alle Gesetze des Lebens formen. Dabei werden die Menschen den weiblichen Aspekt Gottes erfahren und die Männer in der besonderen Strahlkraft dieser unvorstellbaren Liebe ihren patriarchalischen Geltungstrieb überwinden.

Die Liebe höret niemals auf,
während doch das prophetische Reden,
das Zungenreden, die Erkenntnis
aufhören werden.
Denn Stückwerk ist unser Erkennen
und Stückwerk unsere Prophetie.

Wenn aber kommen wird
das Vollkommene,
so wird das Stückwerk aufhören.

Aus „Das Hohe Lied der Liebe“
1 . Kor. 13, 8-11